PAIS INTEN CIONAIS

COMO EDUCAR SEUS FILHOS SEGUNDO A BÍBLIA

LUCAS & JACKELINE HAYASHI

PAIS INTEN CIONAIS

COMO EDUCAR SEUS FILHOS SEGUNDO A BÍBLIA

Editora Quatro Ventos
Avenida Pirajussara, 5171
(11) 99232-4832

Diretor executivo: André Cerqueira
Editora-chefe: Sarah Lucchini
Coordenação de projeto: Rebecca Gomes
Equipe Editorial:
Vitoria Dozzo
Mara Eduarda de Vette Garro
Lucas Benedito
Paula de Luna
Rafaela Beatriz Santos
Isabela Bortoliero
Hudson M. P. Brasileiro
Revisão: Paulo Oliveira
Diagramação: Vivian de Luna
Capa: Vinícius Lira

Todos os direitos deste livro são reservados pela Editora Quatro Ventos.

Proibida a reprodução por quaisquer meios, salvo em breves citações, com indicação da fonte.

Todas as citações bíblicas e de terceiros foram adaptadas segundo o Acordo Ortográfico da Língua Portuguesa, assinado em 1990, em vigor desde janeiro de 2009.

Todo o conteúdo aqui publicado é de inteira responsabilidade dos autores.

Todas as citações bíblicas foram extraídas da Nova Almeida Atualizada, salvo indicação em contrário.

Citações extraídas do *site www.bibliaonline.com.br/naa*. Acesso em agosto de 2021.

1ª Edição: outubro 2021
1ª Reimpressão: agosto 2022

Ficha catalográfica elaborada por Janaina Ramos – CRB-8/9166

H413 Hayashi, Lucas

Pais intencionais: como educar seus filhos segundo a Bíblia / Lucas Hayashi, Jackeline Hayashi. – São Paulo: Quatro Ventos, 2021.
192 p.; 14 X 21 cm

ISBN: 978-65-89806-17-2

1. Paternidade e maternidade cristã. I. Hayashi, Lucas. II. Hayashi, Jackeline. III. Título.

CDD
248.8421

SUMÁRIO

INTRODUÇÃO 13

1 CONHECENDO NOSSOS FILHOS 19

2 OS BEBÊS 43

3 OS CINCO C'S DA CRIAÇÃO DE FILHOS 71

4 VIDA COM DEUS 101

5 OS PAIS E A ESCOLA 123

6 DICAS SOBRE O USO DA TECNOLOGIA E SAÚDE FINANCEIRA 145

7 SEXUALIDADE 165

CONSIDERAÇÕES FINAIS 189

DEDICATÓRIA

Com alegria e amor, dedicamos este livro aos nossos filhos, Matheus e Bianca. Eles são presentes de Deus nas nossas vidas, e muito por causa deles buscamos ser pessoas melhores. Afinal, precisamos ser exemplos. Eles são incríveis, compreendem o nosso chamado e entendem quando precisamos estar longe, mas amam quando estamos perto. São especiais, e sem eles, não seríamos uma família tão feliz.

Queridos filhos, vocês voarão tão alto! Tudo o que construiremos até o fim de nossas vidas, o nosso teto, será apenas a base a partir da qual viverão para também trazerem o Reino de Deus para a Terra, até que o Senhor venha. Amamos vocês imensamente e desejamos que as memórias da nossa família possam sempre trazer um sorriso feliz em seus rostinhos e nos de nossos futuros netos.

AGRADECIMENTOS

Somos infinitamente gratos a Deus. Ele nos deu vida e o privilégio de contribuir com o avanço do Reino celestial aqui na Terra, por meio do chamado de levantar famílias saudáveis. O Senhor é a nossa força, refúgio e fortaleza. Somos gratos pelo amor que Ele deposita diariamente em nossos corações e por confiar a nós a responsabilidade de deixar um legado tão especial. A Ele toda a glória!

Agradecemos aos nossos pais naturais e espirituais, que nos ensinaram no caminho em que devemos andar. Foram eles que nos motivaram a ser também pais intencionais para nossos filhos.

Também agradecemos aos nossos pastores, Teófilo Hayashi e Dra. Sarah Hayashi, que nos incentivam muito e acreditam em nós. Eles nos inspiram a andar sempre uma milha a mais.

Por fim, nosso "muito obrigado" a toda a família Zion Church, que tem se empenhado e trabalhado conosco a fim de construir uma história linda com o Senhor.

PREFÁCIO

O casal Lucas e Jackeline Hayashi, pastores de crianças do Ministério Geração 5.2 da Zion Church, são respostas de minha oração de muitos anos, desde o início da igreja. Meu coração ansiava por pastores que cuidassem de crianças e tivessem o chamado de Deus pelo Espírito Santo.

Sou testemunha do seu trabalho de amor e dedicação pelos pequenos, a começar com a criação e educação de seus próprios filhos biológicos, Matheus e Bianca. Tenho visto resultados positivos em seu ministério ao longo dos anos.

Neste livro, usufruiremos das experiências palpáveis desse casal. Assim como as crianças da Zion Church têm vivido, de modo pessoal e verdadeiro, com o nosso Deus, tanto em casa como nas escolas que frequentam.

Pais ou educadores poderão receber muita inspiração com este material, para serem otimistas e cheios de fé no Senhor e na Bíblia, de onde os autores recebem a dádiva da sabedoria e leveza para atuar no ministério de crianças e em família. Além disso, eles têm a graça da criatividade ao dedicarem seu tempo na busca por mais estudos e por mais de Deus.

Tenho a alegria e o privilégio de poder escrever este prefácio, a fim de incentivar você a se inspirar nos princípios bíblicos para educar seus filhos e alunos no caminho do Senhor. Deus dá a cada indivíduo um chamado e destino na sua unicidade. Ninguém é igual a alguém, mesmo que seja parecido com seus ancestrais. Tal é o poder e o amor individualizado do nosso Deus Criador: "Instrui o menino no caminho em que deve andar, e, até quando envelhecer, não se desviará dele" (Provérbios 22.6 – ARC). Toda criança que é bem treinada em seu chamado e destino será um adulto feliz e equilibrado.

Pais intencionais é um livro que nos inspira e auxilia a sonhar com uma geração posicionada, fiel e que se move no âmbito sobrenatural de modo natural. Seus pequenos serão a manifestação dos filhos maduros de Deus e serão resposta para os gemidos de toda criação, como lemos em Romanos 8.19: "Porque a ardente expectação da criatura espera a manifestação dos filhos de Deus" (ARC).

SARAH HAYASHI
Pastora fundadora da Zion Church

INTRODUÇÃO

É possível que você não esteja muito familiarizado com a palavra "intencional" e talvez até tenha ficado curioso ao vê-la no título deste livro. Por isso, antes de tudo, gostaríamos de esclarecer esse termo. Fazer algo com intencionalidade significa agir com um propósito, de forma pensada e planejada. Cremos que é justamente refletindo com sabedoria sobre nossas atitudes e falas que proporcionaremos a melhor educação parental possível, além de um desenvolvimento saudável aos nossos pequenos em todas as áreas: corpo, alma e espírito.

É nosso papel amá-los com todo o coração, direcionando-os ao Criador e educando-os de maneira inteligente. Mas existe uma verdade incontestável a respeito da criação de filhos, da qual precisamos estar cientes: vamos errar. Isso é inevitável, afinal, todos somos seres humanos, portanto, falhos.

Saber disso, logo de início, nos livra da cobrança por uma perfeição inatingível. Nossas crianças precisam entender que as amamos de verdade a ponto de dar a vida por elas, se necessário, que lutaremos para lhes oferecer aquilo que é melhor para elas (mesmo que isso signifique um "não") e faremos tudo o que estiver ao nosso alcance para que vivam conforme os propósitos do Senhor. Ao mesmo tempo, é importante compreenderem que, por mais que nos esforcemos ao máximo para acertar, em algum momento, inevitavelmente vamos errar. Entretanto, há um Pai Celestial perfeito, que nunca falha. Ele é o Único que jamais os frustrará ou decepcionará.

Nós, no entanto, sendo imperfeitos, podemos extrair lições realistas de nossas próprias dificuldades para educarmos nossos pequeninos. Esta é uma tarefa desafiadora, por isso é fundamental ter em mente, com bastante clareza, nossa motivação e propósito.

Pense: qual é o seu objetivo como pai ou mãe? O que você quer que seu filho aprenda? O que deseja transmitir a ele? É certo que o seu alvo não é vê-lo perdido, preso em algum vício, sem uma perspectiva de futuro, envolvido com a criminalidade, prostituição e coisas parecidas, pois você o ama. E quem ama, cuida, deseja saúde, prosperidade, felicidade e um ótimo futuro. O problema é quando queremos tudo isso, mas não agimos e intervimos na vida deles, hoje, para que este sonho se torne uma realidade.

Em razão disso, não podemos, de forma alguma, deixar que a rotina de cuidados com a casa, trabalho, relacionamentos ou até mesmo as redes sociais se tornem nossa prioridade, acima da educação de nossos filhos. Devemos pensar de modo intencional, e não viver no piloto automático. Trabalho, vida social e tarefas do dia a dia são importantes, e temos de ser diligentes e excelentes ao realizá-las, mas o foco do nosso lar não deve ser o que fazemos, e sim o motivo por trás de nossas ações. É assim que construiremos uma casa sobre a rocha, fundamentada nas verdades de Cristo (cf. Mateus 7.24-27), e que não pode ser abalada pelas tempestades da vida.

Pais intencionais sabem que os dias podem ser muito longos, mas os anos passam extremamente rápido e, por consequência, precisam ser vividos da maneira certa, a fim de gerar um legado eterno. Diante disso, vale lembrar: sempre teremos dois caminhos. No futuro, podemos olhar para trás e nos sentirmos realizados e satisfeitos com a educação que demos aos nossos filhos, ou frustrados, percebendo que não ensinamos princípios e valores adequados às nossas crianças — isto é, conforme a Palavra.

Portanto, é necessário termos bastante clareza sobre o que queremos. Pode ser que você ainda não viva de forma intencional em seu dia a dia, que não consiga agir assim no seu ambiente de trabalho, nem no seu casamento ou ao criar seus filhos. Mas oramos para que, a partir de hoje, por meio da ajuda do Espírito Santo e da leitura deste livro, a palavra "intencionalidade" esteja impregnada em sua mente e leve você a uma transformação radical. E que isso mude não apenas o que toca a educação dos seus filhos, mas todas as áreas de sua vida.

De fato, precisamos ser intencionais em tudo o que realizamos, parando para refletir antes de dizer ou fazer algo. Não é à toa que a Palavra afirma, em Tiago 1.19, que devemos ser prontos para ouvir, mas tardios para falar e nos irar. Quando nos irritamos, por vezes, perdemos o controle das nossas ações, mas quem vive segundo um propósito eterno é precavido e pensa bem antes de reagir.

Ao entender o valor da intencionalidade, temos de bolar um plano de longo prazo, porque, uma vez que sabemos a qual ponto queremos chegar, poderemos traçar uma rota mais assertiva até esse destino. Ou seja, conhecer bem o propósito por trás do que fazemos nos leva a viver cada dia dando passos precisos na direção correta.

Posto isso, convidamos você a refletir sobre o que imagina para a vida de seus filhos daqui a vinte ou trinta anos, não importando a idade que eles tenham agora. Pense nos princípios e valores essenciais para lhes ensinar — aqueles de que você não abre mão — e implemente-os em seu lar.

Delimitar o que você quer para os seus filhos será o projeto da cultura estabelecida na criação deles e, consequentemente, na sua casa. Considerando as características, costumes, hábitos e valores ensinados numa família como parte da cultura domiciliar, entendemos que um lar cristão será norteado pela Palavra. Ela nos instrui, por exemplo, a sermos íntegros, obedientes, honrosos, respeitosos, honestos, resilientes, responsáveis, corajosos, tementes a Deus, e tantas outras qualidades que agradam ao Senhor. Ao vivermos segundo esses fundamentos, teremos atitudes corretas.

Todavia, é fato que o exemplo ensinará mais do que qualquer palavra que você disser. Então, se deseja estabelecer uma cultura de honestidade, não basta apenas falar sobre isso: você tem de mostrar que realmente vive de forma verdadeira. Assim, sua família testemunhará que esse valor existe dentro de sua casa.

Cabe a nós, pais intencionais, assumirmos a responsabilidade pela forma como vivemos todos os nossos dias. Reflita a respeito dos princípios e valores que você tem praticado e quais ainda não são reais em sua vida, mas deveriam ser. Seja intencional com você mesmo antes de ser com seus filhos; trate o seu caráter, seu coração e suas atitudes, conforme Cristo nos ensinou com Sua vida. Seja íntegro, e, naturalmente, seus filhos também serão.

Ser intencional mudará a sua vida, a da sua família e a maneira como cria seus filhos. E este livro ajudará você a medir seus comportamentos e a pensar acerca de suas motivações na hora de educar a futura geração. Esteja de coração e ouvidos abertos durante a leitura, para sentir, se preparar e começar a viver como um pai ou uma mãe com propósito.

Não se esqueça de registrar todos os *insights* que você tiver, bem como as revelações que Deus lhe der ao longo das páginas a seguir. Guarde com carinho essas anotações para que elas lhe ajudem futuramente. Desejamos que esta leitura encha você de coragem e capacitação para preparar seus filhos rumo a um futuro brilhante.

CAPÍTULO **UM**

CONHECENDO NOSSOS FILHOS

Ao ler a Bíblia, compreendemos o amor e o cuidado do nosso Deus nos pequenos detalhes. Mesmo sendo tão poderoso, Ele é Aquele que chama cada estrela pelo nome (cf. Salmos 147.4). Só isso, já nos mostra algo sobre nosso Pai Celestial: é pessoal e detalhista. Em Gênesis 1, lemos a respeito da criação do Homem, quando Deus o formou do barro e soprou vida em seu interior. O Senhor dos Céus e da Terra nos fez com Suas próprias mãos e nos conhece de modo profundo, sabendo tudo a nosso respeito; esse fato é assombrosamente maravilhoso (cf. Salmos 139.14).

Com isso em mente, nada faria mais sentido do que tê-lO como nosso modelo de paternidade. Se o Rei dos reis nos sonda de maneira tão íntima, também devemos nos dedicar a saber tudo quanto pudermos sobre os nossos filhos.

De fato, a família é o plano perfeito de Deus, e Ele nos convida a vivê-la intencional e verdadeiramente, com toda dedicação e amor. A própria sincronia divina da Trindade nos ensina muito sobre relacionamentos, e Seu anseio é que possamos contemplá-la nos nossos lares também. Precisamos conhecer nossas crianças como Deus conhece Jesus, Seu Filho. Cabe a nós, pais e mães, lhes prover afeto e bondade, expressar o nosso carinho e zelo, além de nos empenhar no fortalecimento da nossa relação com eles.

> A família é o plano perfeito de Deus, e Ele nos convida a vivê-la intencional e verdadeiramente, com toda dedicação e amor.

Assim, seremos capazes de prepará-los como flechas (cf. Salmos 127.4-5) para serem lançadas aos seus destinos, pois são instrumentos poderosos para o avanço do Reino Celestial e o estabelecimento da vontade do Pai na Terra.

Partindo deste ponto, separamos três conceitos-chave para nos aprofundarmos nessa compreensão, que são: temperamentos; linguagens do amor; e o aspecto geracional e do legado que está sobre nossos filhos, como foi com Abraão, Isaque, Jacó (cf. Êxodo 3.6) e toda a sua descendência.

TEMPERAMENTOS

Temperamentos são características que herdamos dos nossos pais e adquirimos ao longo da nossa construção social.[1] Eles determinam a forma como cada um responde às situações, recebe confrontos e lida com adversidades. De modo geral, dizem respeito à maneira como nos comportamos socialmente e, segundo o "pai da medicina", Hipócrates (460–377 a.C.), existem quatro tipos deles: fleumático, melancólico, sanguíneo e colérico.[2]

> **Os temperamentos determinam a forma como cada um responde às situações, recebe confrontos e lida com adversidades.**

Entender acerca de cada um deles nos ajudará, certamente, a compreender melhor nossos filhos. Até porque, quando o assunto é cuidar de pessoas, o temperamento logo entra em jogo.

---

[1] MYERS, David G. **Psicologia social**. Porto Alegre: AMGH, 2014.

[2] MARTINS, L. AlC. P.; SILVA, P. J. C.; MUTARELLI, S. R. K. **A teoria dos temperamentos**: do corpus hippocraticum ao século XIX. *Memorandum*, vol. 14, Belo Horizonte: UFMG; Ribeirão Preto: USP, abril de 2008. Disponível em *http://www.fafich.ufmg.br/~memorandum/a14/martisilmuta01.pdf*. Acesso em julho de 2021.

Em primeiro lugar, precisamos conhecer o nosso próprio gênio, o do nosso cônjuge e aprender a identificar essas características nas nossas crianças desde cedo. Essa estratégia nos ajudará ao longo de todos os anos de convivência com eles, bem como em todos os nossos relacionamentos — em especial, quando for o momento de confrontar, confortar, indicar os caminhos e trazer direcionamentos.

Ao se tratar dos temperamentos descritos pelo estudioso grego, devemos compreender que nenhum de nós apresenta apenas um deles, mas um costuma ser predominante, enquanto os outros três aparecem em proporção menor. Além disso, Hipócrates também afirmava que essas características são herdadas dos nossos pais e nenhuma delas é totalmente boa ou ruim.[3] Todos possuímos pontos negativos e positivos, e devemos estar atentos a isso, buscando obter as virtudes e combater as falhas.

Quando observamos a pessoa de Jesus, vemos que Ele apresentava, como homem, todos os aspectos bons de cada temperamento em Seu comportamento, mas não os defeitos. Como cristãos, sabemos que, com o Novo Nascimento, a fé no sacrifício de Jesus e por meio da ação do Espírito Santo, estamos em constante transformação, a fim de nos tornar cada vez mais semelhantes ao nosso Mestre. E quando deixamos o Consolador nos direcionar, com certeza, somos capazes de constatar

---

[3] *Ibid.*

grandes mudanças em nosso coração e em nossas atitudes. Portanto, sim, precisamos buscar equilíbrio nesse aspecto, mas não sem a ajuda de Deus.

Para começar a introduzir esses quatro diferentes perfis, falaremos, primeiramente, a respeito do colérico. De modo geral, uma pessoa com esse atributo é enérgica, resoluta, otimista, prática, eficiente e decidida; um verdadeiro líder nato e audacioso. Já as suas características negativas envolvem irritabilidade, sarcasmo, prepotência, intolerância, vaidade e a falta de sensibilidade.

O sanguíneo é bastante comunicativo, engraçado e acaba sempre se destacando. É entusiasta, afável, simpático, companheiro e crédulo. Quanto aos seus defeitos, incluem a volatilidade, indisciplina, impulsividade, insegurança, o egocentrismo e a hesitação. Trata-se de um perfil bastante emocional, como também é o caso dos melancólicos, cujos pontos fortes são a engenhosidade, minúcia, sensibilidade, o idealismo, a lealdade e dedicação. Contudo, costumam ser mais pessimistas, confusos, antissociais, críticos, vingativos e inflexíveis.

> Com o Novo Nascimento, a fé no sacrifício de Jesus e por meio da ação do Espírito Santo, estamos em constante transformação, a fim de nos tornar cada vez mais semelhantes ao nosso Mestre.

TEMPERAMENTO	PONTOS POSITIVOS	PONTOS NEGATIVOS
COLÉRICO	Enérgico, resoluto, otimista, prático, eficiente e decidido; um verdadeiro líder nato e audacioso.	Irritável, sarcástico, prepotente, intolerante, vaidoso e insensível.
SANGUÍNEO	Comunicativo, engraçado e acaba sempre se destacando. É entusiasta, afável, simpático, companheiro e crédulo.	Volátil, indisciplinado, impulsivo, inseguro, egocêntrico e hesitante.
MELANCÓLICO	Engenhoso, minucioso, sensível, idealista, leal e dedicado.	Pessimista, confuso, antissocial, crítico, vingativo e inflexível.
FLEUMÁTICO	Calmo, tranquilo, eficiente, conservador, prático, bom líder, diplomata e bem humorado.	Calculista, temeroso, indeciso, contemplativo, desconfiado, pretensioso, fechado e desmotivado.

Por fim, o fleumático tem como virtudes a calma, a tranquilidade, a eficiência, o conservadorismo, a praticidade, a boa liderança, a diplomacia e o bom humor. No entanto, possuem a tendência de ser mais calculistas, temerosos, indecisos, contemplativos, desconfiados, pretensiosos, fechados e desmotivados.

Levando tudo isso em conta, devemos sondar nosso interior e, então, descobrir nossas qualidades e as celebrar; assim como perceber nossos defeitos e lidar com eles a fim de melhorarmos dia após dia. O mesmo vale para cada membro de nossa família. Desse modo, você poderá ajudar sua criança a vencer suas características mais desafiadoras e a aprimorar suas virtudes naturais, obtendo um comportamento social que impacta positivamente a vida das pessoas ao redor.

Reforçamos a importância de sabermos disso tudo, em especial, para tratarmos aquilo que está em desacordo com o caráter de Cristo, nosso maior exemplo. Não fomos chamados para viver reféns das nossas falhas, mas, sim, em liberdade, a qual Jesus conquistou com Seu precioso sacrifício na Cruz.

Para tanto, a Bíblia nos mostra, em Gálatas 5.22-23, que a solução é nos enchermos do Espírito Santo. Se fizermos isso, teremos o Seu fruto, que tem como características o amor, alegria, bondade, benignidade, mansidão, domínio próprio, paz, amabilidade e fidelidade. Somente a presença d'Ele, e nada mais, possibilita uma boa frutificação. E é por meio dela que também somos ensinados a educar nossos filhos conforme a vontade de Deus.

Depois de descobrir qual é o seu temperamento e o de seu cônjuge [basta pesquisar na *internet*, você encontrará, facilmente, algum teste que o auxilie], comece a observar em seus filhos quais são as características mais perceptíveis neles e em qual perfil você acredita que eles se encaixam melhor. A partir daí, monte um plano de ação com o Espírito Santo para que você e toda a sua família possam ser transformados.

Pergunte-se: "O que eu preciso mudar? Por quê? De que forma farei isso?". Aliás, ao longo desta semana, desafiamos você a listar seus pontos fortes e fracos, e a pensar em atitudes práticas para melhorá-los. Você notará como tudo pode ser mudado diante do firme posicionamento de um pai ou de uma mãe intencional.

DICAS PRÁTICAS

Monte um plano de ação com as seguintes perguntas:
- O que eu preciso mudar?
- Por quê?
- De que forma farei isso?

Então, liste seus pontos fortes e fracos, e pense em atitudes para melhorar.

LINGUAGENS DO AMOR

Parece óbvio e redundante dizer, em um livro de criação de filhos, que o amor é muito importante. Mas existem algumas coisas sobre ele que definitivamente não são óbvias. Um exemplo disso é a necessidade de entendermos as diferentes formas como o amor se manifesta — isto é, suas linguagens. Esse é o termo que Gary Chapman usa em seu consagrado livro *As cinco linguagens do amor*, para explicar que, assim como existem diversos idiomas [que devem ser compreendidos para que possamos nos comunicar], as pessoas também entendem que são amadas de acordo com sua linguagem de amor.[4]

Chapman, então, nos ajuda a identificar a maneira específica como ofertamos e recebemos amor. Isso significa que, se você não consegue expressar seus sentimentos a seu filho numa linguagem que faça sentido para ele, poderá passar o resto da vida acreditando que seu pequeno sabe que você o ama, quando, na verdade, ele não está se sentindo amado porque não entendeu o que você estava "falando".

> Assim como existem diversos idiomas, as pessoas também entendem que são amadas de acordo com sua linguagem de amor.

---

[4] CHAPMAN, Gary. **As cinco linguagens do amor**. São Paulo: Mundo Cristão, 2004.

> Quando somos corrigidos por alguém, tendo a certeza de que essa pessoa nos ama, a repreensão traz com ela a convicção de que somos cuidados.

Precisamos ter uma ótima base de autoconhecimento para desenvolvermos a nossa inteligência emocional com excelência e, assim, conseguirmos ser efetivamente intencionais no cuidado com as nossas crianças. A educação e criação de filhos envolve uma junção de amor e disciplina, e a Bíblia nos ensina que um não existe sem o outro (cf. Provérbios 3.12). Um pai que ama seu filho de verdade o disciplinará. Na mesma medida, quem ama demonstra.

É essencial termos clareza sobre o amor antes de abordarmos a disciplina neste livro, uma vez que podemos imaginar o coração de uma criança como um grande reservatório de afeto. Dessa maneira, quanto mais cheio ele estiver, melhor será a recepção diante de um confronto, afinal, ela sabe que é amada. Quando somos corrigidos por alguém, tendo a certeza de que essa pessoa nos ama, a repreensão traz com ela a convicção de que somos cuidados. O mesmo não ocorre ao sermos disciplinados por aqueles cujas intenções não conhecemos, ou que realmente não nos amam. Nestes casos, a advertência torna-se algo puramente negativo.

Com esse entendimento, temos de garantir que nossos filhos tenham sempre a certeza de que são estimados por nós. De fato, sabemos o quanto os amamos, mas será que conseguimos comunicar isso a eles de forma efetiva?

Um grande problema na educação de filhos, e na saúde de um relacionamento familiar, é que alguns pais sentem a necessidade de serem amados por suas crianças, porque existe uma ausência enorme de amor em suas vidas. Mas devemos entender que essa carência não deve ser suprida por parte deles. Esse desejo não pode roubar a importância do respeito, obediência e atenção — que é o dever deles como filhos. Tampouco furtar o entendimento de que eles precisam se sentir amados por nós, muito mais do que nós por eles. Quando entendem como os amamos, receberão as correções que teremos de aplicar de uma maneira muito melhor, justamente por amá-los demais. E para garantirmos que se sintam dessa maneira, precisamos compreender muito bem as linguagens de amor de cada um deles.

Uma delas, abordada na obra *As cinco linguagens do amor*, é o toque físico, que abrange expressões sinestésicas de afeição, como abraço, beijo, segurar as mãos, acariciar o rosto, entre outros exemplos. Para as pessoas que se sentem amadas desse modo, não adianta dar presentes ou passar longas horas em um passeio; o que fará a diferença é aquele abraço apertado que você oferece ou aquele beijo carinhoso antes de dormir. Nesse grupo, o tempo investido em companhia pode até ser bom, mas se não houver algum tipo de contato, dificilmente compreenderão que há amor.

Outro tipo de linguagem são as palavras de afirmação, que envolvem elogios, incentivos, valorização das características pessoais e das atitudes. Podemos, ainda, comunicar nosso amor por meio de atos de serviço, como cozinhar a comida preferida de quem amamos, lavar as roupas ou a louça, organizar uma gaveta, buscar um copo de água, servir um bolo, e por aí vai.

Os presentes também formam uma dessas categorias. Trata-se de pessoas que se sentem amadas quando ganham qualquer coisa que tenha sido feita, comprada ou adquirida pensando nela. Ao observarmos as crianças, vemos que algumas guardam absolutamente tudo que recebem, desde um bilhete, lembrancinha de aniversário ou até algum brinquedo que queria muito.

Por último, outros consideram-se queridos por meio do tempo de qualidade. É aquela criança, ou adulto, que entende ser querida quando você tira algumas horas para lhe dedicar atenção. Ela se sente triste quando, por exemplo, mesmo estando ao lado dela, você não reconhece a sua presença ali, preferindo o celular ou a televisão. Passeios, conversas e atividades mais demoradas são o caminho para conquistá-la.

Em resumo, ao analisar o comportamento das crianças [e até de alguns adultos], notamos que, geralmente, todas precisam receber um pouco de cada uma das cinco linguagens de amor. Com elas, deve-se ser intencional na medida certa; dedicar tempo, abraçar, dar presentes, afirmar por meio de palavras ou servir

AS 5 LINGUAGENS DO AMOR	
TOQUE FÍSICO	Expressões sinestésicas de afeição, como abraço, beijo, segurar as mãos, acariciar o rosto, entre outros exemplos.
PALAVRAS DE AFIRMAÇÃO	Elogios, incentivos, valorização das características pessoais e das atitudes.
ATOS DE SERVIÇO	Cozinhar a comida preferida de quem amamos, lavar as roupas ou a louça, organizar uma gaveta, buscar um copo de água, servir um bolo etc.
PRESENTES	Pessoas que se sentem amadas quando ganham qualquer coisa que tenha sido feita, comprada ou adquirida pensando nela.
TEMPO DE QUALIDADE	Pessoas que entendem serem queridas quando você tira algumas horas para lhe dedicar atenção.

são atitudes efetivas, especialmente ao se considerar o perfil de cada pessoa.

Portanto, planeje passeios com seus filhos, como ir ao parque, cinema, *shopping*, comer um lanche ou, até mesmo, separar tempo todos os dias para conversar, dar atenção e olhar no olho deles com amor. Abrace e beije-os. Segure suas mãos, faça carinho nos seus cabelos. Se está perto deles, mostre que você os reconhece ao seu lado e os valoriza. Em algum momento da semana, compre alguma coisa, como um bombom, para lhes presentear. Por mais que seja algo muito pequeno aos seus olhos, seus pequenos verão que, no meio do seu dia, você parou e se lembrou deles. Nunca se esqueça de afirmá-los, de celebrar as suas conquistas, de dizer que os ama, de apontar as coisas que você mais gosta neles e de parabenizá-los. Escolha um dia e faça a comida preferida de cada um para o jantar; pergunte se precisam de ajuda com as tarefas, mostrando que você está disposto a fazer coisas por e com eles.

O amor abre portas muito importantes na história de qualquer pessoa, assim como a falta dele gera feridas e

> O amor abre portas muito importantes na história de qualquer pessoa, assim como a falta dele gera feridas e traumas que podem ser carregados por uma vida inteira.

traumas que podem ser carregados por uma vida inteira. Quem o recebe, o dá e vive em amor. E um pai intencional quer que seus filhos amem de maneira abundante, assim como nosso Senhor.

Nós temos dois filhos, Matheus e Bianca, que têm treze e nove anos, respectivamente.[5] E nos empenhamos para demonstrar nosso amor por eles de várias maneiras, por meio de cada uma das linguagens, e eles sempre percebem isso. Certa vez, o Matheus comentou sobre uma das nossas práticas de amor, dizendo que, no futuro, quando ele formar a sua família, gostaria que sua esposa fizesse o mesmo com seus filhos. Antes de dormir, todos os dias, repetimos para eles: "Mamãe ama você, papai também, tenha uma boa noite e durma bem!", e, então, damos muitos beijinhos nos narizes dos dois. Eles contam a quantidade e ficam repetindo: "Falta um beijo" ou "ganhei um a mais!".

Esse "ritual" os tocou tão positivamente que nosso filho, mesmo tão novo, já reconheceu como algo bom e importante e quer continuar essa tradição em sua própria casa no futuro. Perceba como isso é poderoso. A demonstração de amor, em todas as suas formas, marca a memória afetiva das nossas crianças.

No entanto, elas também terão lembranças negativas da nossa criação e ações ruins para com elas, porque, como já mencionamos, nós falharemos em algum

---

[5] As idades são mencionadas conforme a data de publicação original deste livro, em 2021.

instante. E é justamente por isso que precisamos ser tão intencionais e assertivos em priorizar momentos bons, felizes e cheios de amor. Desse modo, crescerão com uma mentalidade saudável e pura, compartilhando com seus herdeiros aquilo que foi enraizado em seus corações anos atrás. Por conseguinte, terão ótimas recordações da infância e da adolescência.

AS GERAÇÕES DOS NOSSOS FILHOS

É de extrema importância conhecer as diferentes gerações de crianças, para sermos mais precisos no discipulado e no preparo da próxima. Ao olharmos para as histórias da Bíblia e para a antiguidade, vemos que elas eram sempre marcadas por fatores socioculturais.

A geração de Moisés, que nasceu no Egito, por exemplo, viveu sob escravidão e foi liberta, mas acabou morrendo no deserto em busca da Terra Prometida. Como esse povo foi gerado em um contexto de opressão, uma mentalidade de vitimismo foi concebida. Isso os levou a buscar outros deuses e cometer diversas ações desesperadas, que os afastaram do Senhor e impediram de desfrutar da "terra que mana leite e mel" (cf. Deuteronômio 6.3).

Já a geração de Josué, que nasceu no deserto, decidiu se levantar e se posicionar, e isso os habilitou a entrar em Canaã. Eles tinham uma mentalidade renovada, completamente diferente de seus antecessores. Quem é gerado em um ambiente de liberdade, regido pela Lei do

Senhor e longe do jugo da escravidão, enxerga as coisas de outro modo.

Percepções como essa nos permitem analisar como esses grupos raciocinavam, se comportavam, qual era seu pensamento sobre a economia, política, sociedade e sua cosmovisão em relação a todas as coisas. A partir disso, elencamos os pontos fortes e fracos da geração em questão, distinguindo e aprendendo com seus erros e acertos, instruindo nossos filhos da melhor maneira.

> Hoje, as gerações de crianças e adolescentes são caracterizadas, principalmente, pelo avanço da tecnologia. São diversos lançamentos, descobertas e ideias que impactam, de forma direta, na maneira como as pessoas se comunicam, se comportam, interagem e enxergam o mundo.

Partindo do início, após o Dilúvio (cf. Gênesis 6-9), as gerações passaram a viver menos tempo. Na Bíblia, esses ciclos eram contados de setenta em setenta anos, ou de quarenta em quarenta [o que nos permite constatar que, atualmente, nossas descendências estão cada vez menores]. Mas será que isso ocorre porque as pessoas estão morrendo mais cedo? Não. Esse fenômeno se dá pela mudança cultural a respeito da família e as influências comportamentais de várias ideias e supostos avanços do nosso tempo; tudo em um curto período.

Hoje, as gerações de crianças e adolescentes são caracterizadas, principalmente, pelo avanço da tecnologia. São diversos lançamentos, descobertas e ideias que impactam, de forma direta, na maneira como as pessoas se comunicam, se comportam, interagem e enxergam o mundo. Podemos dividi-las entre os grupos Z (nascidos entre 1995 e 2010) e Alfa (nascidos a partir de 2010).[6]

As pessoas da geração Z nasceram em uma era em que a tecnologia já estava presente na vida de quase todos. O compartilhamento de dados já era possível com os primeiros modelos habilitados com *internet* móvel mais acessível, como celulares, *tablets* e por meio da conexão *Wi-Fi*. O universo deles não é mais preso ao ambiente físico, e sim ao virtual. Além disso, desenvolveram também a tendência a ter uma tolerância e receptividade maiores a ideologias e militâncias, as quais, em geral, têm suas raízes firmadas em conceitos contrários à Palavra de Deus.

A geração Alfa, por sua vez, é "nativa digitalmente", o que significa que, para eles, não fazer uso de dispositivos eletrônicos é algo absurdo e ultrapassado.

---

[6] NOVAES, Simone. **Perfil geracional**: um estudo sobre as características das gerações dos Veteranos, Baby Boomers, X, Y, Z e Alpha. São Paulo: *Simpósio Internacional de Gestão de Projetos, Inovação e Sustentabilidade*, outubro de 2018. Disponível em *https://singep.org.br/7singep/resultado/428.pdf*. Acesso em julho de 2021.

Costumam se conectar e aprender com facilidade, por conta do alto nível de acesso à informação disponível, e são muito mais expostos às telas do que todas as outras gerações foram, acarretando certas consequências. Uma delas, apontada por análises de diversos acadêmicos, é que esse grupo possui uma maior distância de relacionamentos afetivos, incluindo o de seus pais. Ou seja, quanto mais ligados à *internet*, maior será a sua privação dos laços paternos e maternos.[7]

GERAÇÃO	PERÍODO
GERAÇÃO Z	De 1995 a 2010
GERAÇÃO ALFA	A partir de 2010

Diante disso, a Sociedade Brasileira de Pediatria recomendou uma quantidade limite de exposição a dispositivos eletrônicos para cada faixa etária. Para bebês de zero a dois anos, aconselham a exclusão total do uso

---

[7] SILVA, L. T. G.; SILVA, T. O. **Os impactos sociais, cognitivos e afetivos sobre a geração de adolescentes conectados às tecnologias digitais.** João Pessoa: *Revista Psicopedagogia*, vol. 34, 2017. Disponível em *http://pepsic.bvsalud.org/pdf/psicoped/v34n103/09.pdf.* Acesso em julho de 2021.

desses equipamentos. Para crianças de dois a cinco anos, sugerem, no máximo, uma hora por dia de exposição a telas; dos seis aos dez anos, até duas horas diárias; adolescentes de onze a dezoito anos, a orientação é de até três horas por dia. E, de modo geral, nada de telas durante refeições. Além disso, é aconselhável evitar o uso uma ou duas horas antes do sono.[8]

Considerando esses dados e o cuidado que devemos ter com nossas crianças e adolescentes, temos três dicas fundamentais aos que desejam realmente gerar conexão familiar e um poderoso vínculo com seus filhos, conquistando-os e tirando o foco do uso excessivo da tecnologia:

1. RELACIONE-SE COM SEUS FILHOS

Dedique tempo de qualidade a eles, preocupando-se, oferecendo ideias de brincadeiras interativas, ouvindo o que têm para falar, chamando-os para perto, dando atenção, abraçando, beijando e mostrando que sempre terá amor e disposição para lhes oferecer. Seja intencional na construção do relacionamento de vocês, porque um filho necessita de zelo e cuidado de seus pais. E ao serem tratados dessa maneira, eles também se tornarão homens e mulheres amorosos e preocupados com as pessoas que os cercam.

---

[8] **Tempo de tela**. Publicado por *Observatório da Saúde da Criança e do Adolescente* em 23/06/2020. Disponível em *https://www.medicina.ufmg.br/observaped/tempo-de-tela/*. Acesso em julho de 2021.

Crianças são emocional e afetivamente carentes, e você precisa prover calor humano a elas. Na falta de amor parental, um filho ou filha pode se envolver e se encantar com facilidade por um desconhecido [ou mesmo alguém conhecido] que lhe dê o toque, devoção e apreço que não recebeu no lar.

Uma ideia que praticamos em nossa casa toda semana é o "Dia da Família", que é quando passamos cerca de duas horas exclusivamente com o Matheus e a Bianca. Considerando as quatro semanas do mês, separamos uma delas para estarmos todos juntos com os avós deles. Em outra, um de nós dedica esse tempo para fazer algo com a Bianca; e o outro, com o Matheus. Na terceira, invertemos as responsabilidades. E na quarta semana, os quatro se reúnem.

Esses dias são agendados em nosso calendário, e damos importância ao compromisso. Se, por acaso, surge algo no mesmo horário, nós recusamos o convite e priorizamos nosso tempo em família. Eliminamos também todo tipo de dispositivos com telas, como celulares, computadores, *videogames* e televisão. Nesse momento, demonstramos amor, elogiando, conhecendo-os melhor, ouvindo suas necessidades, desafios da escola, seus relacionamentos, aconselhando e verificando se nossos filhos estão se sentindo amados por nós.

Caso você tenha gostado dessa ideia, mas seu filho ainda seja um bebê, não tem problema. O casal pode passar essas duas horas sem usar o celular perto dele, olhando-o, dando beijinhos e falando sobre o quanto o ama e sonha com seu futuro. Com certeza, essa criança receberá, em seu coração, todo o cuidado que lhe foi dedicado.

E se você é uma mulher que está no processo de gestação, passe essas duas horas semanais com seu marido, dando e recebendo, intencionalmente, atenção um do outro, e, juntos, vocês podem conversar com o filho que está na barriga. Desse modo, o relacionamento se fortificará ainda mais, mesmo antes do seu nascimento.

2. INCENTIVE O EXERCÍCIO DA AÇÃO SOBRENATURAL COM SEUS FILHOS

Pais que têm a Cristo como o centro de sua relação e família buscam implementar, na cultura e educação de seus filhos, os valores e princípios bíblicos; e um deles diz respeito à ação sobrenatural do Senhor. Servimos a um Deus poderoso, e sua criança precisa crescer sabendo disso e testificando milagres.

Para a nossa geração, ter um *smartphone* e poder falar com uma pessoa que está no Japão, instantaneamente, olhando para ela por meio de uma chamada de vídeo, é algo fantástico. Há pouco tempo, jamais imaginaríamos algo assim; parecia coisa de filme de ficção científica, algo muito distante da nossa realidade. Mas para os nascidos nas gerações Z e Alfa, esse nível de tecnologia é comum e rotineiro. Na verdade, eles mal conseguem pensar em um mundo onde isso não exista. E assim também deve ser a manifestação do poder divino em suas vidas: algo essencial, que precisa ser parte do cotidiano.

Testemunhar experiências de cura, bem como sinais e maravilhas, será um marco na vida deles, transformando seu comportamento e pensamento, gerando temor e reverência ao Senhor, fé na Sua soberania e fome pela Sua presença.

Além disso, ressaltar a prática da oração e da leitura bíblica é um tópico primordial nessa fase, mostrando que as histórias narradas nela são reais e que existe Alguém que escuta nossas preces. Ou seja, se alguma pessoa estiver com uma dor de cabeça, por exemplo, não dê um remédio sem antes orar por cura. Seja qual for a ocasião em que for preciso um milagre, ore por isso com seus filhos e conte testemunhos da sua história com Deus. Revele, com suas atitudes, falas e posicionamentos, que Ele é presente, vivo e verdadeiro em suas vidas. Consequentemente, desde bebês, seus filhos saberão que existe algo muito mais fantástico do que qualquer recurso tecnológico: eles têm um Pai Celestial que os ama, cuida, nunca os deixará sozinhos e é capaz de realizar o que seria humanamente impossível.

Conhecer bem os nossos filhos, sendo intencionais, relacionais e sobrenaturais na criação deles, é muito importante para que cresçam e se desenvolvam com prosperidade em todos os sentidos. Essas dicas são relevantes, e nós afirmamos isso, pois as aplicamos em nossas vidas e desfrutamos dos resultados dessas escolhas. Cremos, ainda, que atitudes simples e diárias, sendo bem fundamentadas e biblicamente embasadas, podem mudar o futuro dos nossos filhos, inserindo neles a consciência de que têm uma família que se importa, os ama e apontará a eles o caminho para o amor de Deus.

CAPÍTULO **DOIS**

OS BEBÊS

Desenvolver crianças que transformem a sociedade e se tornem adultos saudáveis é algo que demanda investimento de tempo, talento e tesouro — que chamamos de "os três T's". Desde a gestação, até o dia em que nossos filhos sairão de casa, todos os nossos passos, pensamentos e atitudes devem ser pensados de forma inteligente e eficaz. Como já mencionamos, mesmo fazendo o nosso melhor como pais, não estamos livres do erro. Mas se formos intencionais, conseguimos reverter as situações negativas em aprendizados, porque nossas próprias falhas também podem ensinar.

Devemos nos atentar a isso desde antes do nascimento dos bebês, com a preparação do casal no corpo, na alma e no espírito. Afinal, muitos dos fatores determinantes para a identidade, personalidade e caráter de uma pessoa são fomentados em seus primeiros mil dias de vida [de zero a dois anos de idade].

Entender a relevância dessa fase específica, bem como o que fazer nela, nos permitirá investir com maior efetividade no destino de nossas crianças. É justamente acerca disso que trataremos mais detalhadamente neste capítulo, ao abordar as seguintes fases do bebê: antes de seu nascimento, os recém-nascidos e até os dois anos de idade.

COMO SER INTENCIONAL ANTES DO NASCIMENTO

Quando pensamos no exercício de uma profissão, sabemos que não se ingressa no mercado de trabalho sem uma experiência mínima, mesmo que seja um estágio não remunerado. Também é necessária uma boa base de conhecimento teórico. Não se contrata alguém para atuar como médico, por exemplo, sem que ele tenha diploma de formação em Medicina e um certificado de residência. Também não se admite uma pessoa para construir uma enorme ponte sobre o mar que não seja formada em Engenharia Civil e tenha prática nessa área. Tal atitude seria de extrema irresponsabilidade. Portanto, o que nos leva a pensar em iniciar uma família sem nos prepararmos para isso?

Talvez você concorde que conhecer um doutor não o transforma em um médico, assim como ser próximo de homens e mulheres que têm filhos não o torna um pai ou uma mãe. Apenas experiências pessoais, dentro de seus relacionamentos, não são suficientes para lograr grandes feitos. Por isso, antes de iniciá-los, é necessário educar-se ao máximo sobre a área em questão.

O que nos leva a pensar em iniciar uma família sem nos prepararmos para isso?

Pessoas intencionais procuram instrução antes do nascimento de seus pequenos. Buscam entender o funcionamento de seu corpo e mente, sobre seus instintos, necessidades e até as formas corretas de cuidar de sua higiene. Também investigam a melhor maneira de educá-los e alimentá-los, conforme cada faixa etária, além de tantas outras coisas a serem aprendidas antes de exercer, de fato, a vida parental.

Quando se pensa nessa etapa de preparação para a chegada de um neném, imediatamente se relaciona isso à questão financeira, que é, de fato, algo significativo. Mas, como mencionado anteriormente, há muitos outros fatores essenciais para serem levados em conta, até mesmo no que diz respeito à emocionalidade e à racionalidade.

Um recém-nascido traz consigo um pacote imenso de novidades, ao mesmo tempo em que chega sem um manual de instruções. Por isso, é muito importante capacitar-se antecipadamente. Assim, os pais não se moverão "no escuro" durante essa fase, que é repleta de trabalho duro. Bebês têm refluxo, exigem uma rotina de sono e fraldas trocadas com frequência. Eles não sabem se expressar com palavras ainda e choram muito. Além disso, levam um bom tempo para aprender a transmitir suas emoções com maior afetividade e demandam toda a nossa atenção.

Os primeiros mil dias do seu bebê são importantíssimos, pois impactam o resto de suas vidas — só que poucos iniciam suas jornadas parentais sabendo disso. Nesse período, a presença materna é essencial, assim como a afeição constante dos pais.

Algo primordial a se fazer antes do nascimento de seu pequenino é a escolha do nome; não um que esteja na moda ou simplesmente seja bonito. Ele precisa ter um significado relevante, que faça sentido para sua família e esteja de acordo com o que Deus pensa da sua criança. Ou seja, algo que você buscou em oração e lhe foi revelado. Quando ele estiver um pouco mais crescido, explique o sentido e o valor de seu nome; isso o fará entender melhor sua identidade e, profeticamente, seu destino.

Matheus é o nosso filho mais velho, e seu nome quer dizer "presente de Deus".[1] Nós o escolhemos porque, quando mais nova, a Jackie passou por uma cirurgia de endometriose, na qual retirou o ovário direito, e,

---

[1] **Significado do nome Matheus**. Publicado por *Dicionário de Nomes Próprios*. Disponível em https://www.dicionariodenomesproprios.com.br/matheus/. Acesso em julho de 2021.

ao procurar sua médica — pouco antes do casamento —, soube que não seria fatalmente infértil, mas teria certa dificuldade para engravidar. Segundo a doutora, ela necessitaria de um tratamento de indução hormonal e precisaria considerar o fato de ter um útero retrovertido.[2]

Quando nos casamos, iniciamos a vida conjugal e logo a Jackie parou de tomar remédios contraceptivos por um mês, por conta dos diversos efeitos colaterais incômodos, já que não seria tão fácil engravidar. Tanta gente tinha tudo em ordem e, mesmo assim, não engravidava. Não seria um mês sem anticoncepcionais que faria diferença. Acontece que, no segundo mês sem tomá-los, sua menstruação não veio, e ela, que a princípio achou que estava com alguma disfunção hormonal, descobriu que carregava em seu ventre o nosso presente de Deus: o Matheus. Além disso, ao ir a uma consulta médica para confirmar a gravidez, fomos surpreendidos com outro milagre: ela não tinha mais um ovário, mas dois!

O nome do nosso filho representa exatamente o que ele é para nós e exala a sua identidade de presente do Senhor. Fora isso, é escrito com "h", pois esta letra, em hebraico (ה),

---

[2] Condição em que o útero se encontra mais próximo ao intestino, podendo diminuir a possibilidade de gravidez natural. Para mais detalhes, confira: PINHEIRO, Chloé. **Útero retrovertido**: o que é e a relação com a gravidez. Publicado por *Bebê.com* em 10/09/2017 e atualizado em 26/09/2017. Disponível em *https://bebe.abril.com.br/gravidez/utero-retrovertido-o-que-e-e-a-relacao-com-a-gravidez/*. Acesso em agosto de 2021.

representa a presença de Deus e aparece duas vezes no próprio nome divino, YHWH.³ Ao longo da Bíblia, há relatos de situações em que Deus mudou o nome de algumas pessoas, adicionando "ה". Foi assim com Abrão, que recebeu o novo nome "Abraão" (em hebraico, Abraham), que significa "Pai de uma multidão".⁴ Também com Sarai, que passou a ser Sara (em hebraico, Sarah), como uma confirmação de que o filho da promessa viria por meio dela.⁵

Todas as vezes em que percebemos que o nosso Matheus está entrando em algum momento de crise, medo ou se sentindo incapaz, por exemplo, lembramos o significado do seu nome. Ele é uma dádiva do Pai perfeito, que não dá nada ruim aos Seus filhos. Recordamos que toda a história de seu nome trata de um lindo milagre, realizado quando ele ainda nem havia nascido. Ao agirmos dessa forma, somos intencionais em construir valores e princípios em sua vida. Também nos certificamos de que ele crescerá com uma identidade bem firmada nas verdades celestiais.

Posto isso, se você ainda não é pai ou mãe, aproveite para pensar em nomes com significados proféticos. Caso já tenha seus pequenos e não se orgulhe do nome

---

[3] **A letra Hey**. Publicado por *Ponto de Vista Cristão*. Disponível em *https://pontodevistacristao.weebly.com/a-letra-hey.html*. Acesso em julho de 2021.

[4] **Bíblia Shedd**. Barueri: Sociedade Bíblica do Brasil, 1998.

[5] *Ibid*.

deles, fique tranquilo, pois, em Jesus, tudo se faz novo (cf. 2 Coríntios 5.17). A primeira coisa é descobrir suas origens, pesquisar pessoas relevantes que se chamam da mesma forma e conversar com suas crianças. Então, explique o que descobriu sobre o sentido do nome deles e o ressignifique com a ajuda do Espírito Santo. Ele revelará o propósito divino de seu filho e sua identidade segundo o coração de Deus, e essa verdade marcará sua vida.

Outro ponto essencial no que diz respeito à intencionalidade parental antes do nascimento de seus bebês é o entendimento de que a gravidez é um período muito marcante. Mesmo dentro da barriga, eles são capazes de perceber e sentir o que acontece ao seu redor, e

> **Sabendo que bebês distinguem a voz do pai, mesmo estando ainda no ventre materno ou sendo recém-nascidos, podemos concluir que eles também são capazes de reconhecer a voz do Pai Celestial.**

temos de ser bastante cuidadosos com isso. Lembramos as duas vezes em que vivemos o período de gestação e de como eram lindos os momentos em que o Lucas conversava com nossos bebês, que ainda estavam no ventre. Eles sempre se agitavam, mostrando reconhecer a voz do pai deles.

Assim que nasceu, o Matheus chorou bastante, e a médica disse: "Pai, fale com o bebê!". Logo em seguida, o Lucas o chamou pelo nome, e ele imediatamente parou de chorar.

Sabendo que eles distinguem a voz do pai, ainda no ventre materno ou sendo recém-nascidos, podemos concluir que eles também são capazes de reconhecer a voz do Pai Celestial. Para estimular isso, escolha de maneira intencional as músicas que você ouvirá e as conversas que terá enquanto estiver grávida. Ouça louvores, leia a Bíblia em voz alta e fale de Deus para seu neném. Diga ao Senhor: "Eu quero ouvir a Sua voz e que meu filho também a escute. Desejo que ele reconheça facilmente quando o Senhor falar".

Atos como esses preparam o ambiente em que nosso bebê nascerá. Se, desde cedo, ele for apresentado a uma realidade em que o Dono de todas as coisas é o seu Pai, dificilmente duvidará de Sua provisão, amor e aceitação, ou de Sua força. Sabemos quão real, poderoso e verdadeiro Ele é. E crianças que crescem conhecendo o Senhor carregam uma identidade bem firmada, além de segurança, amor e uma boa autoestima. Afinal, sabem que são amadas e protegidas, que foram desenhadas e concebidas pelo Senhor e que Ele cuida delas.

O Criador nos formou dentro do ventre da nossa mãe, desejou-nos desde o princípio (cf. Salmos 139.13; Jeremias 1.5). Nunca se esqueça de que você e seu bebê são profundamente estimados por Deus. E por maior que seja nosso amor por nossos pequenos, o d'Ele sempre irá superá-lo, e muito. Devemos cuidar deles reconhecendo que, na verdade, pertencem ao Senhor e foram confiados a nós apenas por um período determinado.

COMO SER INTENCIONAL COM OS RECÉM-NASCIDOS

Bebês recém-nascidos requerem bastante zelo, e todos sabem disso. Contudo, poucos se atentam ao fato de que as mães também necessitam ser muito bem cuidadas. Portanto, um marido que cuida da esposa que acabou de ter um bebê zela intencionalmente por seu filho ao mesmo tempo. Isso ocorre porque uma mãe saudável, que recebe amor e proteção, gera e cria filhos igualmente saudáveis. Se ela está bem, seu pequeno ficará bem — a "conta" é simples.

Cuidar da mãe é cuidar do bebê. Se ela recebe amor e proteção, gera e cria filhos igualmente saudáveis.

Depois de nove meses morando no ventre, esse neném ainda não entende com clareza que mudou de ambiente e agora não faz mais parte de sua mãe; que deixou de ser um com ela. Ele ouvia os barulhos dentro de seu corpo, estava quentinho e confortável e se acostumou com aquele lugar. Após o nascimento, ele tem de entender que é uma pessoa separada de sua mãe, mas, enquanto isso não acontece, é totalmente carente de seu cuidado, atenção e amor. Claro que, mesmo depois de crescer, ele ainda precisará de tudo isso, mas, quando ainda é um neném bem novinho, demanda muito mais esforço.

Por isso, diante de tamanha dependência, é fato que se a mamãe estiver em boas condições físicas, emocionais e espirituais, fará muito bem ao seu bebê. Sendo assim, elaboramos dez dicas extremamente valiosas para prepará-los a uma vida com um recém-nascido. Pedimos aos pais para que também leiam as orientações a seguir, a fim de agirem intencionalmente com suas esposas:

1. O BEBÊ É FRÁGIL, MAS NÃO É FEITO DE CRISTAL!

O seu pequeno não vai se quebrar tão fácil. Ele não é feito de um material extremamente delicado e não irá se despedaçar ao encostar nas coisas. Trata-se de um ser humano, feito de ossos firmes e fortes, pelas mãos do Deus perfeito, que cria tudo de modo excelente. Sim, você pode trocar sua fralda, virá-lo, colocar roupinhas nele, dar banho e permitir que outras pessoas façam isso também. Quando o Matheus nasceu, tínhamos certa tensão. Achávamos que, ao vesti-lo, o racharíamos ao meio, de tão frágil que parecia ser. Quando, na maternidade, as enfermeiras manuseavam nosso filho, dava muita aflição. Parecia que quebrariam o Matheus. Ele parecia tão sensível que era difícil vê-lo sendo segurado daquele jeito. Por isso é tão importante fazer um curso preparatório, normalmente oferecido em muitas maternidades. Você vai aprender a segurar, dar banho e entender que os bebês são bem flexíveis. O tempo e a prática nos mostraram que eles são fortes e temos liberdade para segurá-los sem medo. Mas, é claro, com cuidado.

2. AMAMENTAÇÃO DÓI

Algumas mulheres foram agraciadas pelo Senhor para terem um período de amamentação tranquilo. Só que, geralmente, esse processo será um tanto doloroso no começo. Porém, existem certas táticas que a ajudarão a fazer isso de forma mais serena. Peça para a médica orientar sobre massagens e exercícios que você pode fazer para preparar sua mama. Lembro que a minha médica me falava para passar uma bucha nos mamilos, para fortalecê-los, mas eu achava muito bizarro e não fiz. Fui tola! Deveria ter feito, e só descobri isso no meio da dor.

Na maternidade do hospital, peçam pelo suporte de alguma enfermeira, que ensinará à mãe exatamente como fazer para que o bebê pegue o peito do jeito certo. Ela orientará quanto à melhor posição para segurá-lo no colo e em como o bico do seio deve estar.

Mãe, observe o que ela faz e tente realizar a amamentação em sua frente. Peça também para que ela corrija o que estiver errado. Quanto melhor for a "pega" do bebê, menos dor haverá. No começo, pode ser que você passe por uns dez dias bem difíceis. Mas depois que o peito estiver pronto, calejado, e que o leite descer, este se transformará em um dos melhores momentos da maternidade. Use compressas e um algodão com água quentinha antes de o seu bebê se alimentar, para que o bico amoleça um pouco. Isso ajuda muito!

Há mulheres que foram orientadas a, logo quando o bebê nascer, receberem a criança dos médicos, ainda sujinha mesmo, e já levá-la a se aproximar do seio e do colo da mãe (não para mamar ainda, mas para ter o primeiro contato). Dizem que essa é uma forma de fazer seu corpo entender que o neném chegou e que o leite tem de começar a descer, preparando-se para uma nova rotina. O colostro, que é o primeiro líquido a sair do seio, é rico em anticorpos e nutrientes. Por isso, permita que seu neném experimente dele também.

Tente amamentar o quanto antes; peça ajuda a pessoas de confiança, procure profissionais especializados em amamentação e encontre uma rede de apoio. Assim, esse processo se iniciará de uma maneira mais leve, bem preparada, e a pior parte não durará. Porém, caso você passe por um pico de estresse muito grande, se tiver um bico invertido, ou algo que a impeça de amamentar, por favor, não fique mal. Você poderá contar com a mamadeira e o suplemento tranquilamente. Mas não desista facilmente da amamentação. É um prazer inigualável! Se não conseguir, não deixe que a pressão externa lhe traga uma depressão interna. Hoje, vivemos em uma sociedade que ama pressionar pessoas. E quando são mães, parece que a satisfação de impor se torna ainda maior. E no caso daquelas que estão desistindo da amamentação, determinadas pessoas se sentem no direito de coagir.

Tentou de tudo, mas não consegue amamentar? Ou, por algum motivo específico, você precisa parar? Não se culpe por isso. Não há necessidade de se frustrar, pois seu bebê será forte e saudável e terá todo o amor e afeto materno, tanto quanto se mamasse no peito. E não se esqueça de "ligar um botão" na sua cabeça para impedir a entrada de comentários maldosos das pessoas palpiteiras. Seu pequeno precisa de você, e que esteja bem para lhe fazer bem também. Só você sabe pelo que está passando e sentindo, então, se for necessário, use o suplemento e encha seu bebê de amor.

Com o Matheus, nosso primeiro filho, a Jackie só conseguiu amamentar por um mês. Ela chorou muito nesse período, que foi bem doloroso. O leite não descia, então passamos a oferecer o suplemento. Já com a Bianca, nossa mais nova, ela estava bem mais tranquila, preparada, e conseguiu aleitar por mais tempo. Passou pela sensível fase inicial e chegou ao período maravilhoso, em que as coisas passam a fluir bem. Nossa pequena mamou até os oito meses de idade. Ela não comia quase nada até essa idade, só queria mamar, mas começou a morder o seio, então já poderia morder alimentos. Foi assim que fizemos sua introdução alimentar.

3. BEBÊS CHORAM

A forma que um bebê tem para comunicar absolutamente qualquer coisa (fome, sono, cansaço, frustração, medo, desconforto, dor etc.) é o choro. No início, todos os seus resmungos parecem iguais. Entretanto, aos poucos você conhecerá seu filho cada vez melhor e aprenderá a diferenciar cada uma de suas expressões.

Muitas vezes, ele chorará por estresse, e você aprenderá a acalmá-lo da melhor forma. Só que existe um tipo de irritação que é bastante nocivo para a criança, que se dá quando ela não encontra o acalento e cuidado que procura, fazendo seu corpo começar a produzir cortisol e adrenalina. Isso a levará a um estado emocional nocivo em seu processo neurológico, o qual está se desenvolvendo rapidamente.[6] O cortisol, numa frequência muito alta, fará mal para o seu bebê. Por isso, ele precisa ser acalmado, acarinhado, ninado e cuidado.

Com nossa filha, Bianca, a Jackie usou bastante o *sling*, um tipo de cadeirinha que segura o neném em nosso colo. Esse apetrecho abençoado nos ajudou muito nesses momentos de choro e estresse. Ela conseguia fazer suas tarefas normalmente, enquanto mantinha a bebê perto de si. A Bibi dormia melhor, acalmava-se e sentia-se

---

[6] **Estresse tóxico na infância**: o que é, quais as consequências e como evitar. Publicado por *Instituto Geração Amanhã* em 10/04/2020. Disponível em *https://geracaoamanha.org.br/estresse--toxico-na-infancia/*. Acesso em agosto de 2021.

sempre cuidada e protegida. Conforme ela crescia, ensinávamos a ela que não necessitava estar tão perto da mãe a todo instante, pois são pessoas diferentes.

4. VOCÊ SAIRÁ DA MATERNIDADE ACHANDO QUE TEM OUTRO BEBÊ NA SUA BARRIGA

Diferentemente das lindas cenas de cinema e novela, com atrizes e modelos superglamurosas, não é comum que mães saiam de salto alto e calça *jeans* da maternidade. Assim que nosso primeiro filho nasceu, a Jackie perguntou à doutora se ela não havia esquecido outro bebê dentro dela, porque sua barriga continuava quase idêntica ao momento antes do parto. Passado um tempo, quando o Matheus tinha dois meses de idade, ela precisou ir até uma loja para comprar um vestido de festa para um casamento. E a vendedora, encantada, olhou para ela e lhe perguntou com quantos meses de gestação estava.

> Desejamos alertar as mamães, de antemão, que o seu corpo não voltará ao normal rapidamente, e está tudo bem.

Naquele dia, ela chorou muito dentro do provador da loja, pois não conseguia compreender por que permanecia daquele jeito. A maioria das mulheres passa por esse mesmo processo após o nascimento de seus bebês, e mal se sabe quanto tempo levará para perderem a barriga de grávida. Essas informações não circulam facilmente, e muitas se machucam emocionalmente, passando por fases terríveis de baixa autoestima no período pós-parto, por não se prepararem para esse momento. Afinal, pouco se fala sobre isso. Considerando todo o seu sofrimento, desejamos alertar as mamães, de antemão, que o seu corpo não voltará ao normal rapidamente, e está tudo bem.

Você, mãe, acabou de gerar um ser humano, seu corpo deu à luz um bebê lindo, perfeito e saudável. A demora para que sua barriga retorne ao formato anterior é algo que simplesmente faz parte dessa fase. Você é poderosa, forte e agora entrou em uma fase belíssima e cheia de amor. Temos certeza de que dará o seu melhor pelo seu filho, e a mudança do seu corpo a lembrará disso. Por isso, não se deixe entristecer pela barriga que não diminuiu, mas fique feliz porque a barriga grandinha é o sinal de que você foi capaz de gerar um filho maravilhoso.

5. É NORMAL QUE O BEBÊ QUEIRA TROCAR O DIA PELA NOITE

Quando estávamos com os nossos recém-nascidos, certas vezes, a Jackie chorou ao ver o nascer do sol, constatando que a noite havia acabado sem que ela tivesse dormido nem um pouco. Com isso, aprendemos que, seja noite ou dia, se o bebê dormir, a mãe deve fazer o mesmo.

Seja noite ou dia, se o bebê dormir, a mãe deve fazer o mesmo.

Mãe, você não morrerá se deixar louça suja na pia ou poeira no chão; o que pode, sim, comprometer sua vida é não dormir ou se cuidar.

É importante, ainda, ter uma rede de apoio, com pessoas que os amem e consigam ajudá-los, vindo cuidar do bebê ou da casa com certa frequência. Esse suporte com certeza aliviará seus ombros e auxiliará as mamães a investirem mais em si mesmas e no descanso delas — que tem de acontecer. Uma mãe descansada amamenta melhor, acalenta melhor e faz do bebê um ser melhor.

Mas mamãe, aos poucos, ensine ao bebê o que é dia e o que é noite. Deixe o quarto claro quando for de dia e permita barulhos. À noite, deixe o quarto escuro. Isso vai ajudá-lo.

6. VOCÊ AMA SEU BEBÊ

Precisamos afirmar que você ama seu bebê, porque, em alguns momentos, provavelmente cairá na tentação de se culpar por sentir cansaço e estresse e acabará achando que não ama mais seu filho. Sim, você o ama. Ainda que, em um pico de desespero, sinta vontade de devolvê-lo para a barriga ou simplesmente sair correndo e largar tudo. É engraçado que, mesmo quando isso acontece, você sempre se imaginará correndo com o seu bebê nos braços, afinal você obviamente não quer abandoná-lo.

Mãe, você vai se sentir cansada. Muitos dias com o sono irregular trarão sentimentos confusos, de desespero e ansiedade, sem contar a regulação hormonal pela qual seu corpo está passando. É esperado que tenha uma explosão de emoções e chegue a "enlouquecer" um pouco, uma vez que a privação de sono compromete a sanidade mental de qualquer um. Por essa razão é tão importante contar com uma rede de apoio para tomar conta do bebê e incentivá-la a se cuidar e descansar.

Lembre-se: se você estiver bem, seu bebê estará bem. Mas se estiver mal, ele também estará. Entender isso muda tudo. Você o ama, sim, mas está cansada e necessita de repouso. Não se culpe, se cuide.

7. FAÇA VISTA GROSSA PARA A SUJEIRA

É sério: tire todas as cortinas, tapetes, quadros e livros da sua casa, tudo o que acumula pó e sujeira. Tenha lenços e produtos simples para facilitar a limpeza rotineira de seu lar e não se preocupe em esfregar as coisas até que elas brilhem como um diamante. Você tem um bebê que requer muito cuidado. Portanto, a sua casa pode esperar, ela não é prioridade no momento. Se puder, contrate alguém para ajudar ou simplesmente aprenda a desencanar de uma limpeza impecável. Tudo ficará bem; uma "baguncinha" nunca matou ninguém.

8. COMA MARMITAS E ALIMENTOS PRONTOS!

Se vocês não conseguem ter uma diarista em casa e são vocês que cozinham, queremos deixar uma dica especial. À primeira vista, optar por marmitas e congelados parece a pior das opções para se alimentar ao longo da semana. Sabemos que elas aparentemente são caras e pouco saudáveis, mas isso é uma mentira. Fizemos todos os cálculos e, para o bem da nossa família, escolhemos as marmitas para o nosso dia a dia, o que foi libertador e facilitou bastante a nossa vida. Com pouco tempo para cozinhar, ter pratos prontos e congelados nos permitiu seguir com uma alimentação balanceada e deliciosa, enquanto a Jackie cuidava dos bebês durante o dia. Parece uma dica meio simples, mas só quem cozinha sabe o trabalho e o tempo que leva (além do esforço para lavar tudo o que sujou). E quando se tem um bebê em casa, tempo é ouro.

9. DEUS É SEU PAI!

O Senhor é maravilhoso e bondoso; um Pai excelente, presente, amoroso e nos conhece perfeitamente. Ele vai entender se você dormir ao ler um versículo quando finalmente conseguir fazer seu devocional, tendo um recém-nascido. Deus sabe pelo que você está passando e de sua exaustão, mas o Espírito Santo está lhe acompanhando e ministrando continuamente, portanto não se culpe se o seu tempo com o Senhor mudar nesta fase.

Chame-O para perto e use todos os momentos do seu dia para se achegar a Ele: quando for amamentar, pode orar e ouvir louvores ao mesmo tempo; enquanto troca fraldas, pode ouvir a Bíblia em aplicativos e até assistir a pregações. Enfim, não deixe de buscá-lO. Otimize seu tempo, sabendo que essa é apenas uma fase. Deus entende isso e não está ofendido, tampouco chateado com você.

Além do mais, manter-se diariamente conectada ao Senhor, sem cessar, ao longo das horas do dia, enquanto cumpre suas funções, é tão eficaz quanto duas horas de *soaking*, leitura bíblica e orações longas no Secreto. Ter um recém-nascido irá mudar a dinâmica dos seus dias e das suas relações, mas você pode manter seu relacionamento com Deus de uma nova maneira.

10. PEÇA E ACEITE AJUDA

Não pense, nem por um segundo, que aceitar ajuda é sinônimo de fraqueza. Sempre que for necessário, conte com pessoas de confiança, como seus pais, sogros e amigos. Aceite quando eles se dispuserem a dar suporte, a menos que perceba que isso lhe causará estresse e dores de cabeça. Redes de apoio são essenciais e mudam tudo. Quando uma mulher mais velha se oferece para levar comida para você, não pense que ela está dizendo que você não sabe cozinhar, mas escolha pensar que ela quer ajudar e tentar fazer seu dia ser mais leve. Aceite ajuda!

> **Sempre que for necessário, conte com pessoas de confiança para cuidar de seu bebê.**

Essas são algumas dicas que transformaram nosso período inicial de cuidado com nossos filhos. Sabemos o quanto conhecê-las e praticá-las facilita a dinâmica de uma família. Do contrário, seria impossível escrever um livro sobre pais intencionais ignorando o poder de conselhos que parecem simples, mas são realmente eficazes.

Lembre-se de que uma trajetória parental que começa com as atitudes certas com certeza ajudará você a manter-se no caminho que é devido. Elas servirão como base para delimitar seus passos e decisões ao longo dos anos.

COMO SER INTENCIONAL COM SEU BEBÊ

Os primeiros mil dias do bebê começam na concepção, seguem ao longo de toda a gestação e vão até a chegada de seus dois anos de idade. Essa fase é extremamente importante para definir muitos traços da personalidade e identidade da sua criança, uma vez que seus acontecimentos repercutem para sempre em sua vida. Nesse período, o bebê passa por um processo acelerado de formação, no qual ele aprende a se expressar, comer, andar, falar e a se dissociar da mãe. Seu sistema neurológico se desenvolve com bastante rapidez, e ele entende que é um ser humano com emoções e precisa expressá-las de alguma forma.

A famosa frase de José Saramago, a qual diz que "o homem que eu sou, é por causa da criança que eu fui"[7], tem respaldo médico e científico, conforme assegurou o pediatra José Martins Filho. Ele discorreu sobre os primeiros mil dias do bebê em uma conferência médica, confirmando a frase do escritor português. Explicou que os traumas, medos, sonhos, dores, o caráter e as crenças de um ser humano são desenvolvidos nessa fase, sendo de modo intencional ou não, pelos pais ou cuidadores.[8]

> Com trinta semanas, o cérebro do seu bebê já está completamente pronto no ventre, o que significa que ele já escuta tudo, e seu sistema neurológico funciona perfeitamente.

Portanto, o período em questão é de extrema importância para o desenvolvimento da nossa inteligência emocional. No décimo oitavo dia de gestação, muitas vezes antes de a mãe descobrir que está grávida, as células neurológicas do bebê já estão em formação. Com trinta semanas, o cérebro do seu bebê já está completamente pronto no ventre, o que significa que ele já escuta tudo, e seu sistema neurológico funciona perfeitamente.

---

[7] SARAMAGO, José. **As pequenas memórias**. São Paulo: Companhia das Letras, 2006.

[8] OS PRIMEIROS 1000 dias de vida, com o Dr. José Martins Filho, pediatra. Publicado pelo canal *Instituto CPFL* em 09/08/2019. 1 vídeo (109 min.). Disponível em *https://www.youtube.com/watch?v=OI-ebvX1sis*. Acesso em julho de 2021.

Como falamos anteriormente, o estresse é muito comum em recém-nascidos e tem de ser observado para que não se torne nocivo. Também é necessário averiguar em nossos bebês mais velhos qual tipo de irritação eles têm enfrentado e se nós estamos lidando corretamente com isso.

Devemos ensinar nossos filhos a suportar o estresse e momentos desagradáveis. O banho, muitas vezes, gera isso em algumas crianças. No entanto, sabemos que cuidar da higiene é bom e necessário e podemos transformar essa ocasião em algo divertido e relaxante. Dessa maneira, orientamos vocês a enfrentar os desconfortos. Como dissemos, há tanto o estresse em nível tolerável — proveniente de quedas, machucados, susto ou medo — quanto o tóxico.

O estresse tóxico vem do abandono, falta de carinho ou atenção, solidão e carência de amor e afeto. Tendo

TIPOS DE ESTRESSE	
TOLERÁVEL	Proveniente de quedas, machucados, susto ou medo.
TÓXICO	Proveniente do abandono, falta de carinho ou atenção, solidão e carência de amor e afeto.

isso em vista, alertamos quanto à introdução precoce às creches. Nesses lugares, é bem provável que tal irritação aconteça. Dependendo das condições do ambiente e da quantidade de funcionários, é possível que seu pequeno não receba o acalento, socorro e amor pelo qual anseia e precisa. Assim, gera-se uma falta de nutrição emocional, que o leva a produzir o cortisol, que é danoso para eles.

Portanto, não deixe seu bebê passar tempos intermináveis chorando, busque acalentá-lo e acalmá-lo com seu amor e atenção. Conforme ele crescer, mostre que deve se conter e o corrija firmemente diante de manhas e birras.

Sobre as irregularidades de sono, um ótimo livro, que ensina algumas maneiras de proporcionar uma rotina ao seu filho, é o *Nana, nenê*[9], dos autores Gary Ezzo e Robert Bucknam. Nesse material, eles explicam que a melhor forma de ensinar sua criança a dormir não é deixando-a chorar por longos períodos até que se canse, e sim educá-la para adormecer sozinha.

A partir dos quatro meses de idade, o bebê passa a compreender seu desenvolvimento separado de sua mãe. Nesse momento, é possível que você comece a mostrar para o seu filho que está ali totalmente disponível, e sempre presente, mas que existe um cantinho que é só dele.

À medida que cresce, organize a rotina dele. Ao longo do dia, o neném precisa escovar os dentes, ter um

---

[9] EZZO, Gary; BUCKNAM, Robert. **Nana, nenê**: como cuidar de seu bebê para que ele durma a noite toda de forma natural. São Paulo: Mundo Cristão, 2013.

DICAS PRÁTICAS

- Não deixe seu bebê chorar por muito tempo, isso pode gerar estresse tóxico;
- Organize uma rotina para ele;
- Eduque-o a dormir sozinho, para melhorar a qualidade de seu sono e de sua saúde.

tempo em família para receber amor e carinho e ouvir a leitura de uma história e uma oração. Então, coloque-o no berço, fique até ele dormir e se retire. Se ele se mexer e abrir os olhos, mostre que está saindo, mas voltará quando ele precisar de você. Ele vai chorar quando você deixar o quarto; nesse instante, volte e o acalente por um minuto, sem tirá-lo do berço (isso é muito importante). Dê um ursinho, um travesseirinho ou um paninho, algo que lhe proporcione a sensação de afeto; diga que está tudo bem, dê um beijinho e assevere que aquele é o lugar seguro dele, cheio de amor e aconchego.

Repita esse método, acalmando seu bebê sempre que ele chorar, mas evite tirá-lo do berço. Espere até ele dormir novamente, sem ceder ao desespero de levá-lo para o quarto do casal e deixá-lo em seu colo. Esse processo pode durar uma, duas ou três horas. E você tem de persistir até que, com o tempo, a rotina do sono seja finalmente instaurada na vida dele.

A partir do décimo dia, seguindo firme com esse procedimento, o bebê começará a entender como funciona a noite dele. É completamente normal que ele acorde algumas vezes; o que fará a diferença é sua insistência com a técnica. Entenda que uma criança acostumada a dormir no colo da mãe, ao acordar no berço, imediatamente se sentirá fora do seu lugar de aconchego e sono; então chorará até reencontrá-lo. No entanto, quando ele aprende a descansar em seu bercinho, mesmo ao acordar à noite, voltará a dormir com facilidade exatamente onde está. O ideal é que, com seus oito meses, ele já consiga adormecer sozinho. Porém, lembre-se: ele não aprenderá a fazer isso sem suas tentativas persistentes.

O desenvolvimento da rotina de sono é o nosso paraíso, porque ele passa a dormir muito melhor durante a noite. Ele mesmo se acalma e volta ao sono, como qualquer um de nós. Com isso, começa a se alimentar melhor também, fica mais tranquilo e tira melhores sonecas diárias.

Usamos essa técnica com o Matheus, e a diferença que notamos ao fim do processo foi tremenda. Ele passou a dormir extremamente bem, por cerca de dez a doze horas por noite. Acordava sozinho e, pela manhã, me chamava do berço. Seu crescimento foi acelerado, e seu adoecimento tornou-se bem menos frequente. Sua saúde tornou-se estável, uma vez que ele comia e dormia bem. Sendo assim, percebemos que um bebê com sono regulado é mais saudável e feliz.

Outra questão importante, abordada pelo Dr. José Martins Filho, é sobre a ligação entre pais e filhos. Ele disse algo muito interessante: "Existe, numa relação parental, o vínculo e o apego".[10] O apego diz respeito à nossa conexão e sentimento pela criança, e o vínculo é aquilo que o nosso relacionamento com ela gera em seu coração. Um pequeno, cujo pai e mãe trabalham fora, necessita desenvolver um vínculo com alguém, seja uma avó ou uma pessoa contratada. Assim, a boa babá é aquela que não só cuida bem dos nossos filhos, mas os ama, tem apego por eles. O bebê tem de sentir essa conexão e amor de quem os acompanha. Isso os acalma, traz proteção, fornece segurança e é extremamente necessário para seu desenvolvimento.

> A união da família é algo simplesmente insubstituível na vida de um bebê. E o cuidado materno é necessário para que uma criança não tenha má formação emocional.

Portanto, se você estiver prestes a ter um neném e puder, além da licença-maternidade, tirar mais algum tempo para cuidar dele, saiba que isso é valioso. Bebês precisam de suas mães, carecem desse vínculo vital, sobretudo nos primeiros mil dias de suas vidas. A união

---

[10] OS PRIMEIROS 1000 dias de vida. *Op. cit.*

familiar, de pai, mãe e filhos, é simplesmente insubstituível. E o cuidado materno é necessário para que não tenham uma má formação emocional nem carreguem traumas de rejeição, abandono, medo e insegurança para a vida adulta.

Crianças muito violentas e instáveis, geralmente, nasceram em um ambiente de desamparo maternal. Onde falta apego, também não há compreensão acerca do amor e da segurança. Isto é, os pequeninos que crescem sem tal conexão com suas mães terão dificuldades para lidar com o amor e oferecê-lo às pessoas. Grandes ataques de violência e atitudes maldosas são um alerta para pais e cuidadores. Essas crianças necessitam de afeto. Caso algo semelhante a isso esteja acontecendo com seu filho, saiba que ainda há tempo para resolver a situação. Dê carinho e amor ao seu bebê incondicionalmente. Isso não significa, é claro, deixar de corrigi-lo e educá-lo; é crucial saber demonstrar seu carinho de forma inteligente e madura.

A fase dos primeiros mil dias de vida de um neném requer bastante atenção, dedicação e posicionamento dos pais. Não é tão fácil. Mas, ao mesmo tempo, pode se tornar bastante prazerosa e render frutos maravilhosos, desde que bem cuidada e desenvolvida com intencionalidade.

CAPÍTULO **TRÊS**

OS CINCO C'S
DA CRIAÇÃO DE FILHOS

Como já mencionamos, a jornada de um pai intencional requer posicionamentos diários. E são essas posturas que farão a diferença a curto, médio e longo prazo. Pensando nisso, desenvolvemos uma metodologia para criar nossos filhos com os valores e princípios do Reino de Deus de forma prática e sustentável: os cinco C's da criança. A partir disso, podemos compreender mais clara e estrategicamente em quais aspectos devemos focar ao educar um pequenino. O primeiro "C" é referente ao **chamado**, o segundo é sobre **conectar**, o terceiro é **compartilhar**, o quarto é **corrigir** e, por fim, **capacitar**.

CHAMADO

Imagino que você, como cristão, já deva ter parado em algum momento da sua caminhada para refletir sobre o seu propósito. Perguntas como: "O que devo fazer da minha vida?" ou "para o que Deus me chamou?" são bem comuns. A respeito disso, entendemos que existem dois tipos de chamado para cada um de nós: o geral e o individual.

O chamado geral diz respeito ao que a Palavra ordena a todo cristão, que é cumprir o grande mandamento, amar a Deus sobre todas as coisas e ao próximo como a nós mesmos (cf. Mateus 22.37-39), e a grande comissão é pregar o Evangelho a toda criatura e fazer discípulos de todas as nações (cf. Mateus 28.19-20; Marcos 16.15).

Já o chamado específico, que costuma gerar mais dúvidas, é aquilo que cada um é designado a fazer de maneira individual. Uns, por exemplo, têm como propósito atuar na área de negócios; outros, na esfera da arte, ou da educação, saúde e assim por diante. Mas a verdade é que jamais

> **O grande mandamento é amar a Deus sobre todas as coisas e ao próximo como a nós mesmos, e a grande comissão é pregar o Evangelho a toda criatura e fazer discípulos de todas as nações.**

descobriremos esse segundo chamado se não estivermos cumprindo o primeiro corretamente. É com a busca por mais da presença do Senhor e à medida que nos aprofundamos em Seu amor que entendemos, de forma mais clara e certeira, o que Ele designou para nós.

Pais intencionais precisam saber que, além do propósito geral, o qual temos enquanto cristãos maduros que querem servir o Reino, há um chamado exclusivo para pais e mães: "Ensine a criança no caminho em que deve andar, e ainda quando for velho não se desviará dele" (Provérbios 22.6).

É bem provável que você já saiba esse versículo de cor, mas precisamos entender algumas coisas importantes sobre ele. Está escrito que devemos ensinar a criança **no** caminho, e não **o** caminho. Ou seja, não adianta somente indicarmos o trajeto que nossos filhos devem seguir; precisamos apresentá-lo enquanto nós mesmos o percorremos. Assim, eles aprenderão por meio do exemplo.

> Há um chamado exclusivo para pais e mães: "Ensine a criança no caminho em que deve andar, e ainda quando for velho não se desviará dele" (Provérbios 22.6).

Vamos lá: sabemos o endereço de nossa casa. Conhecemos perfeitamente a rota para chegar até ela, talvez até várias possíveis. Se convidássemos alguém para uma visita, enviaríamos-lhe o endereço e explicaríamos qual o melhor trajeto. A pessoa, então, daria um jeito para vir. Porém, caso alguma coisa acontecesse no meio do percurso, impedindo o deslocamento, muito provavelmente ela não conseguiria chegar. Afinal, nós lhe ensinamos **o** caminho, e não **no** caminho.

Por outro lado, nós, que moramos nesta casa, jamais seríamos paralisados por conta de uma rua fechada, por exemplo. Encontraríamos facilmente uma alternativa para seguir, porque conhecemos o caminho muito bem. Já passamos por ele muitas e muitas vezes, de forma que, ao nos depararmos com empecilhos, temos meios para lidar com eles.

Assim também, como pais, precisamos ter consciência de que nossos filhos enxergam a vida que levamos. Não adianta tentarmos ensinar-lhes o caminho B, se claramente estamos andando no C. Se você quer que suas crianças sejam pessoas honestas, íntegras, responsáveis, carinhosas e obedientes, ambos precisam trilhar a mesma estrada. Nossos filhos não se desviarão da trilha que percorremos enquanto os ensinarmos pelo exemplo, acredite. Essa é uma promessa para nós (cf. Provérbios 22.6).

Por isso, reflita a respeito de seus próprios caminhos e ore como Davi:

> Sonda-me, ó Deus, e conhece o meu coração, prova-me e conhece os meus pensamentos; vê se há em mim

algum caminho mau e guia-me pelo caminho eterno.
(Salmos 139.23-24)

Ouça o que o Espírito Santo de Deus diz. Escute a Sua orientação quanto ao que precisa ser tratado ou aperfeiçoado em seu coração e refletirá em suas atitudes. Por meio de cada uma delas semearemos o futuro das próximas gerações.

Outro ponto que vale destaque no versículo de Provérbios 22.6 é a parte que ressalta que precisamos ensinar nossos filhos no caminho em que **devem** andar, e não no que **querem** andar. Vivemos em uma sociedade na qual se valoriza bastante o que a criança **deseja** fazer, mas, biblicamente, é necessário prezar com maior dedicação pelo que ela **tem de** fazer.

É errado dar atenção ao que elas desejam? Não! Devemos parar para ouvi-las, mas não podemos nos deixar seduzir por um rostinho encantador e permitir que elas façam o que quiserem. Muitas vezes, isso pode ser totalmente contrário às atitudes corretas, desviando-as do caminho que devem seguir.

Ter filhos, certamente, instiga-nos a sermos pessoas melhores. Quando entendemos a responsabilidade depositada sobre um pai e uma mãe de educar um ser humano que viverá em sociedade, é inevitável querermos, com todas as forças, nos transformar na versão mais excelente de nós mesmos. Tema ao Senhor e seja fiel em cumprir tudo que Ele ordena por meio de Sua Palavra e direciona, mais especificamente, por meio do Espírito

DICAS PRÁTICAS

Pegue papel e caneta e, com a ajuda do Espírito Santo, responda:
- Quais valores eu tenho como pilares da minha vida?
- Eu tenho atitudes que refletem bons princípios?
- O que costumo fazer e gostaria que meus filhos também fizessem?
- O que tenho feito e não quero que meus filhos reproduzam?
- O que meus filhos querem fazer que contraria aquilo que eles devem fazer?

Reflita: eu quero que meu filho se transforme em um adulto parecido comigo e com o meu cônjuge?

Especialmente quem estiver passando por situações desafiadoras com os filhos, pense: será que os atos de desobediência deles são um reflexo do mau exemplo que eu semeei ou estão relacionados a um traço de personalidade que precisa ser corrigido? Talvez alguns sejam referentes ao primeiro caso; e outros, ao segundo. De todo modo, é identificando a raiz dessas atitudes que será possível tratar a questão de fato.

Santo. Assim, com certeza, você se tornará um bom exemplo a ser seguido, tanto por seus filhos biológicos como pelos espirituais.

Jesus nos chamou para O seguirmos e para fazermos discípulos. Sendo assim, todo pai e mãe precisa entender que os pequenos serão seus aprendizes e, portanto, você deve ser guiado por Cristo. É como afirmou o apóstolo Paulo aos crentes de Corinto: "Sejam meus imitadores, como também eu sou imitador de Cristo" (1 Coríntios 11.1). Busque n'Ele a revelação da importância de sermos pessoas em quem os outros possam procurar por um padrão, principalmente nossos filhos, pois também carregam grandes chamados, de modo que precisam ser impulsionados e direcionados para cumprirem o destino que o Senhor separou para eles.

Vale lembrar que cada um de nós foi planejado e formado de maneira exclusiva pelo Criador (cf. Salmos 139.13-18). Mesmo que seu filho tenha somente alguns meses de vida, saiba que Deus já preparou um propósito para ele.

Caso tenha filhos um pouco mais velhos e esteja bastante preocupado ao ler este capítulo, pensando no exemplo que deu até então, acalme-se e respire. A primeira coisa que precisa fazer é orar ao Senhor por discernimento e, então, chamar seus filhos para uma conversa. Peça perdão pelas atitudes ruins que teve e mude seu comportamento, mostrando a eles em qual caminho você deseja que andem deste momento em diante.

Só com esse posicionamento você apresentará algo precioso para suas vidas, que é o reconhecimento dos erros. Todos devemos viver com humildade para não encobrirmos nossas falhas e, sim, confessarmos às pessoas certas, arrependermo-nos, pedirmos perdão e perdoarmos a quem nos feriu.

DESAFIO

Ore pedindo ao Senhor por sabedoria e discernimento, especialmente para ter conversas cruciais com seus filhos, ainda que elas sejam difíceis. Que Ele oriente o que você deve falar, por qual motivo e de que forma precisa fazer isso. E para ajudá-lo, fazemos também esta oração:

Nós oramos quebrando agora, em nome de Jesus, toda condenação. Fomos redimidos por Sua morte na cruz. Portanto, se há alguma culpa, pedimos para que o Espírito Santo lhe revele e que você se arrependa e se renda aos pés da Cruz, para que possa ser transformado. Seja fortalecido pelas verdades de Deus a seu respeito e receba d'Ele o amor, o cuidado, o preparo e o direcionamento que precisa para ser um pai ou uma mãe intencional.

A Palavra de Deus não mente e não falha, e se ela diz que ensinar nossos filhos no caminho certo é o segredo para uma vida abençoada, acredite e viva conforme essa verdade. Precisamos ter muito temor em tudo quanto fazemos e, assim, posicionarmo-nos humildemente diante do Senhor, para que nossa história seja transformada enquanto agimos em parceria com Ele nesta obra. Faremos tudo isso sabendo que o destino dos nossos filhos também mudará com nosso exemplo. Comece agora a caminhar de uma maneira nova, mais forte e alinhada aos propósitos de Deus, ensinando seus pequenos **no** caminho em que eles **devem** seguir, para que, quando forem mais velhos, não se desviem dele.

CONECTAR

O segundo "C" da criação de filhos é conectar. Devemos ser intencionais em buscar uma conexão mútua: nossa com eles, e deles conosco. Faremos isso ao desenvolvermos, constantemente, uma relação de amor e honra com nossas crianças. Isto é, exaltando e obedecendo ao Senhor enquanto as ensinamos o que é certo e expressando Seu amor todos os dias para com nossa família.

Em tempos tão corridos, como vivemos hoje, em que lotamos nossas agendas com diversos compromissos e, frequentemente, cegamos nossos olhos com entretenimento, é preciso parar e pensar um pouco para não deixarmos os afazeres e distrações atrapalharem a nossa relação familiar.

Muitas vezes, dedicamo-nos mais à resolução de problemas do dia a dia do que aos nossos filhos, sendo que eles são bem mais importantes do que qualquer tarefa.

É comum chegarmos do trabalho com um milhão de preocupações em mente e, mesmo estando em casa com nossos pequenos, não sermos presentes. Precisamos delimitar nossas ansiedades e focar intencionalmente em tempo de qualidade dentro de casa. Família — cônjuge e crianças — precisa de conexão. Ser negligente com isso acarretará problemas futuros, como a falta de comunicação, insegurança, perda da identidade, desconexão e envolvimento em relacionamentos complicados. De fato, investir algumas horas em seus filhos hoje é bem melhor do que lutar, com todas as suas forças, para resgatar o que foi perdido amanhã.

Além disso, para transmitirmos conhecimento e nossas experiências com Deus às nossas crianças, precisamos estar intimamente conectados a elas. Se você não tiver a atenção, admiração e respeito de seus filhos, é provável que suas palavras não sejam ouvidas e levadas em consideração. E esse acesso ao coração delas se conquista quando somos intencionais no relacionamento; isto é, dedicando interesse, cuidado e muito tempo brincando e se divertindo com elas. Nem sempre nossas crianças se lembrarão das coisas que dissemos, mas, com certeza, recordarão de experiências e sentimentos que tiveram conosco. Proporcionar amor e momentos divertidos, com certeza, marca a memória delas para sempre e de forma positiva.

É claro que, como todo adulto responsável, temos muitos afazeres. Mas, apesar disso, escolhemos investir tempo para brincar com nossas crianças, pois reconhecemos a importância disso para o aprofundamento da nossa relação com elas. Nosso filho Matheus, por exemplo, ama *Jiu-jitsu*, por isso o Lucas brinca de luta com ele. E combinamos que, no dia em que ele ganhar do pai, o levaremos para jantar num restaurante japonês. Esse gesto tão simples gera uma enorme conexão entre pai e filho. Já a Bianca gosta de brincar de casinha, com bonecas, cabaninhas e coisas do tipo. Então a Jackie dedica tempo a fazer isso com ela. Nós nos organizamos dessa forma, porém cada família pode encontrar seu jeito de passar tempo juntos, conforme suas idades e gostos.

> **Invista tempo de qualidade em estar com seus filhos e ensiná-los a andarem com Deus e se tornarem amigos d'Ele. Seja como uma ponte que os leva até Jesus.**

Leve esse costume a sério, afinal, a presença dos pais é primordial e não deve ser negligenciada de forma alguma. Invista tempo de qualidade em estar com seus filhos e ensiná-los a andarem com Deus e se tornarem amigos d'Ele. Seja como uma ponte que os leva até Jesus. Sabemos que há muitos hábitos prejudiciais em nossa sociedade atual, diversas distorções acerca de suas identidades e cosmovisões que divergem da Palavra. Mas pais que se dedicam a ensinar **no** caminho, juntos e conectados a seus pequenos, não serão surpreendidos vendo-os se desviarem da verdade.

Reforçamos que isso só é possível se houver uma conexão verdadeira entre pais e filhos, construída com intencionalidade e um bom investimento de tempo, atenção e afeto. Uma pesquisa realizada em Israel, pelo professor Amos Rolider, apontou que os pais israelenses dedicavam apenas quatorze minutos e meio por dia a suas crianças.[1] De um dia com vinte e quatro horas. Esse número é alarmante, e acreditamos que, no Brasil, não seja muito diferente. Portanto, avalie e repense seus hábitos dentro de sua própria casa e priorize o que realmente importa.

> ## DICAS PRÁTICAS
>
> Agende, uma vez por semana, um tempo de qualidade com seus filhos, sabendo que, depois de seu relacionamento com Deus, a sua família é a coisa mais importante. Não desmarque esse compromisso por conta de outras demandas.

---

[1] **Pesquisa revela que pais gastam apenas 14 minutos de tempo de qualidade com os filhos por dia.** Publicado por *São Paulo para Crianças* em 6 de agosto de 2018. Disponível em https://saopauloparacriancas.com.br/pesquisa-revela-que-pais-gastam-apenas-14-minutos-de-tempo-de-qualidade-com-os-filhos-por-dia/. Acesso em julho de 2021.

COMPARTILHAR

Compartilhar tem tudo a ver com relacionamento e é algo essencial para a criação de nossos pequenos e para o desenvolvimento de suas emoções. Portanto, depois de entender seu chamado como pai ou mãe, e se posicionar para desenvolver conexão com suas crianças, também é necessário aprender a dividir com elas suas alegrias, sentimentos, histórias, momentos, ensinamentos, bens e muitas outras coisas. Assim como Jesus, que sempre agiu intencionalmente andando junto aos Seus discípulos, compartilhando Sua vida e ensinando-os.

Em 2 Timóteo 3.16, lemos que toda a Escritura é inspirada por Deus, e é por meio dela que temos a fórmula para criar nossos filhos. Ela é útil para ensino, correção, repreensão e educação na justiça; para que o homem seja perfeitamente habilitado em toda boa obra. Portanto, se quisermos que nossas crianças estejam alinhadas à Palavra e prontas para o propósito que o Senhor tem para suas vidas, precisamos compartilhar com elas sobre a Bíblia.

> Deus nos convida, como pais, a compartilharmos as verdades sobre Ele e Seu caráter, de forma natural, no cotidiano.

Não se trata de realizar cultos domésticos todos os dias, mas de ensiná-las, conforme as Escrituras Sagradas nos instruem, em tudo que fizerem, trazendo o Senhor para o centro de suas casas e vidas. Deus nos convida, como pais, a compartilharmos as verdades sobre Ele e Seu caráter, de forma natural, no cotidiano. Pais intencionais estão sempre em busca dessas oportunidades e ouvem o que seus filhos estão falando e sentindo enquanto descobrem a respeito do Senhor.

Caso você tenha bebês, lembre-se de que pode lhes apresentar a presença de Deus louvando e orando com eles. Com crianças um pouco maiores, oriente-as a repetir suas orações, ajoelhe-se com elas, ore junto e conte as histórias bíblicas. Ensine-as a ouvir e obedecer ao Espírito Santo, que habita em todos que aceitam a Cristo como Senhor e Salvador, sejam pequeninos ou adultos. Mostre a elas o poder estrondoso de Deus, proporcionando momentos de ação sobrenatural; em situações difíceis, de doenças, por exemplo, ore por cura. Como explicamos anteriormente, pessoas aprendem pelo exemplo. Viva unido ao Senhor, nunca deixe de compartilhar sua fé com seus filhos e você verá o impacto disso.

Certa vez, quando nosso menino tinha três anos de idade, estávamos com visitas em casa, e ele ainda não sabia se limpar depois de usar o banheiro. Enquanto conversávamos com os amigos, notamos um silêncio, que indicava o sumiço do Matheus. Fomos procurar por ele e o encontramos sentado no vaso sanitário com os olhinhos arregalados. Ele disse: "Mamãe, deu certo! Estava com vergonha de chamar e orei pedindo para o Papai do Céu trazer você aqui!". Nós o tínhamos ensinado a orar, ele entendeu que Deus está presente para ajudá-lo em toda situação e colocou o aprendizado em prática.

 E, considerando essa ocasião, saiba que devemos ser cuidadosos para não podar a fé dos nossos filhos com uma racionalidade exagerada. Se lhe disséssemos que a Jackie foi até lá somente porque notamos sua ausência, ele poderia pensar que o Senhor não o ouviu de verdade. Mas Deus, de fato, escutou sua oração e lhe respondeu, por isso o incentivamos a crer em um Pai que Se importa conosco sempre, mesmo nas menores coisas. Ele entendeu que podia recorrer ao Senhor quando ainda era pequeno e, assim, até hoje, com seus treze anos, sabe que pode confiar n'Ele.

 Pense sobre as situações difíceis da sua vida e na maneira como você tem lidado com elas. Diante de uma dificuldade financeira, por exemplo, você expressa medo e insegurança ou uma fé madura e confiança de que Deus é provedor?

 Nós já ouvimos muitos testemunhos de pais que, durante momentos de grande crise, puderam colher lindas histórias por conta da fé de seus pequenos. Um casal que conhecemos passou por uma situação de desemprego, e o filho deles orou pedindo por uma pizza para Deus, porque estava com muita vontade, e os pais não tinham dinheiro para comprá-la.

 No mesmo dia, outro casal de amigos deles, sem saber o que estava acontecendo, sentiu o Espírito Santo

Aconselhe com honestidade, falando sobre a lei da semeadura, em que colhemos aquilo que plantamos, deixando claro que nossas atitudes nos trazem consequências — boas ou ruins — e teremos de lidar com cada uma delas. convidando-os a lhes enviarem uma pizza. Quando a entrega chegou, o menininho começou a gritar e correr, dizendo: "Mamãe! Papai! Deus ouviu minha oração!". A pureza do coração das crianças os faz enxergar a mão do Senhor em aspectos que nós, muitas vezes, cegos por medos e inseguranças, não a percebemos. Deus enviou uma pizza para aquela família. Glórias a Ele!

Outro ponto muito importante sobre compartilhar é que essa atitude, feita com sabedoria, proporciona empatia e abertura dentro da família. É comum sentirmos medo quando nossos filhos entram na adolescência. Tememos uma possível rebeldia, desvio dos caminhos do Senhor e tantos perigos. Por isso, aconselhamos os pais a sempre orarem e entregarem as preocupações a Deus, confiando na educação que proporcionaram a eles. Além disso, sejam honestos e abram espaço para o diálogo, falando as verdades sobre o mundo e contando as suas próprias histórias.

Partilhe com seus filhos as suas experiências. Aconselhe com honestidade, falando sobre a lei da semeadura, em que colhemos aquilo que plantamos, deixando claro que nossas atitudes nos trazem consequências — boas ou ruins — e teremos de lidar com cada uma delas. Separe versículos para ler com eles, explicar e exemplificar, tendo um período de devocional, e ensine-os a fazer isso sozinhos.

Muitas vezes, o ato de compartilhar nos levará a compreender melhor sobre o que está nos corações e mentes das nossas crianças. Quando os ensinamos sobre o valor de conversar e dividir, eles começam a se abrir conosco, expondo suas dificuldades, dores e medos. Em quantas situações nossos filhos se esconderam, tristes com algo, sem nos dizer a verdade sobre o que sentiam? Mostrando a eles que o caminho para o diálogo no lar é seguro, passarão a partilhar conosco suas emoções, e assim poderemos ajudá-los a serem curados pelo Espírito Santo e os aconselhar, cuidar e corrigir com amor.

Desenvolver a comunicação com seus filhos trará frutos maravilhosos para seu relacionamento familiar. Fortalecerá o afeto entre vocês e ensinará valiosas lições de honestidade e vulnerabilidade às suas crianças, sempre contando com a presença de Deus.

CORRIGIR

O quarto "C" costuma gerar bastante ansiedade nas famílias. Afinal, corrigir, muitas vezes, parece algo confuso e temível, mas a verdade é que, quando fazemos isso à luz das Escrituras, temos clareza e agimos de forma certeira.

Encontramos a palavra "disciplina" tanto no Antigo como no Novo Testamento. Em ambos, ela apresenta um significado atrelado ao ensino, o que nos mostra que o ato de disciplinar um filho precisa promover nele um entendimento do que está acontecendo. Ao corrigi-lo, deixe claro por qual motivo aquela atitude (que mostrou a necessidade de repreensão) foi inapropriada e quais consequências ela acarretará. Nunca podemos descontar a nossa raiva nos pequenos diante da desobediência, sendo movidos pela ira; nossa tarefa é instruí-los com firmeza e amor.

Em Provérbios 19.18, a Palavra diz:

> Corrija o seu filho, enquanto há esperança, mas não se exceda a ponto de matá-lo.

Além disso, em Provérbios 23.13-14, está escrito:

> Não deixe a criança sem disciplina, porque, se você a castigar com a vara, ela não morrerá. Você a castigará com a vara e livrará a alma dela do inferno.

Sendo assim, entendemos o uso da varinha como uma das orientações bíblicas para a correção de nossos pequenos. Não se trata de uma simbologia, mas do próprio objeto a ser utilizado na correção. Só que, ao mesmo tempo, a real motivação de seu coração deve ser observada ao fazer isso. Não se deixe levar pelo "calor do momento", quando está com ânimos exaltados ou até com ódio. Pelo contrário, procure se acalmar e analisar com sabedoria o que, de fato, aconteceu. Então, com amor, e trazendo a devida orientação, discipline-o.

É fundamental reforçar também que, em Provérbios, está escrito que corrigir nossos filhos nos traz descanso, e assim eles darão paz à nossa alma (cf. Provérbios 29.17). Afinal, a repreensão apropriada resultará em boa conduta no futuro, o que certamente será gratificante tanto aos pais quanto aos filhos.

A Palavra também nos instrui a disciplinar enquanto é cedo, porque nascemos pecadores e cheios de iniquidades. Devemos apontar o certo e o errado às crianças, mesmo que ainda sejam pequeninas, utilizando uma linguagem clara para elas. Enquanto ainda não compreendem a fala, não faz sentido ter uma conversa com explicações sobre um ato ruim, o que vale é a dor (na medida certa). Um bebê que morde, por exemplo, não sabe que isso causa dor, e só sentindo o mesmo incômodo ele entenderá que aquela atitude não é boa.

Da mesma maneira, a entonação em uma correção precisa demonstrar firmeza, principalmente com crianças menores. Quando as repreendemos usando um tom de voz manso e aconchegante, elas não entendem que realmente fizeram algo errado, mas podem até pensar que são validadas. Nunca grite com seus filhos nem os espanque, em hipótese alguma. Mas estabeleça limites precisos e aponte quais são as consequências de suas escolhas, expressando isso com clareza em sua postura e no modo que fala. Lembre-se de que a Bíblia afirma que quem ama não tarda em repreender (cf. Provérbios 13.24).

De acordo com a cultura judaica, modelo em que Jesus foi criado, sabemos que nossos filhos são crianças até os doze ou treze anos.[2] Portanto, depois dessa idade, a correção com vara já não se faz necessária, porque eles a compreenderão por meio de uma conversa ou, até mesmo, com castigos em que perderão alguns privilégios, isto é, as coisas de que gostam. Claro que um bebê não saberá que ser proibido de sair com os amiguinhos é uma punição, mas com os mais velhos isso pode funcionar muito bem.

O objetivo da disciplina, com certeza, não é machucá-los de forma alguma, e sim mostrar o fruto de uma atitude ruim. O maior intuito é mostrar que quem sofre as consequências de nossos erros somos nós mesmos. As crianças precisam compreender que quando fazem algo ruim, o resultado é prejudicial primeiro para elas. Corrigir nossos filhos é obedecer ao Senhor e ensinar o que é correto conforme a vontade d'Ele, além de posicionar nossos pequenos para seguirem num caminho bom

---

[2] **Bar Mitzvá e Bat Mitzvá**. *CONIB*. Disponível em *https://www.conib.org.br/glossario/bar-mitzva-e-bat-mitzva/*. Acesso em 23/08/2021.

e reto. Assim, também zelamos pelo futuro das nossas crianças. Não existe disciplina sem amor nem amor sem disciplina. E isso é retratado por vários trechos bíblicos, como estes, por exemplo:

> O que retém a vara odeia o seu filho; **quem o ama, este o disciplina desde cedo**. (Provérbios 13.24 – grifo dos autores)

> Porque o Senhor corrige a quem ama e castiga todo filho a quem aceita. É para disciplina que vocês perseveram. Deus os trata como filhos. E qual é o filho a quem o pai não corrige? (Hebreus 12.6-7)

Deus nos ama, por isso nos corrige. E faz isso não com ira, mas com amor. Também devemos agir assim com nossos filhos. Porque os amamos, não conseguiremos deixá-los permanecer no erro, mas precisamos repreendê-los.

> **Não existe disciplina sem amor, nem amor sem disciplina.**

Amor e disciplina andam juntos, porque quem ama e não disciplina é omisso; já o que disciplina sem amor não está corrigindo, e sim ferindo.

Outro ponto importante nesse processo é pensarmos em tratar a raiz do problema, e não apenas sua manifestação, que seria o comportamento. Devemos repreender as atitudes erradas, mas também entender que as ações são um reflexo do interior. Muitas vezes, um ato rebelde pode vir de questões não resolvidas nos corações de nossos filhos, como ansiedade, abuso, medo e até falta de amor. Porém, se você sabe que a criança recebe afeto e é acolhida, trata-se de um problema comportamental e de iniquidade, que precisa ser disciplinado.

É fundamental nos espelharmos em nosso Mestre, Jesus, em todo o tempo. Ele sempre agiu com bastante sabedoria e discernimento. Ao ministrar e pregar o Reino de Deus, não apenas curava doenças físicas e expulsava espíritos imundos, mas também cuidava de corrigir e sarar os corações. Assim, quem tinha um encontro com Ele, além de mudar suas atitudes, era verdadeiramente liberto. Nós, igualmente, devemos agir com sabedoria e criatividade para disciplinar nossos filhos e, sobretudo, contar com a direção do Espírito Santo, que habita em nós. Certamente, Ele nos dará estratégias surpreendentes, mesmo em situações que parecem não ter solução.

Como explicamos antes, temos de fazer tudo o que estiver ao nosso alcance, buscando conhecimentos específicos para criar nossas crianças, empenhando-nos para conhecê-las bem, saber qual é seu temperamento e linguagem de amor. Tudo isso será crucial para os momentos mais desafiadores, como o da disciplina. Uma vez que somos fiéis em fazer a nossa parte, podemos contar com o nosso Conselheiro e Amigo. Com Ele, você conseguirá aproveitar as situações mais difíceis para trazer aprendizados profundos. Mesmo quando há muita tristeza e dificuldade, é possível gerar luz e esperança em toda a família por meio da presença de Deus.

Conhecemos uma mulher que foi abandonada por seu marido, e ela tinha duas menininhas. Com as crianças muito abaladas pela partida do pai, aquela mãe já não sabia mais como introduzir a figura paterna de maneira saudável e real a elas, até que a orientamos a colocar um prato extra, talheres e copo na mesa do almoço. Dessa maneira, ela poderia apresentar às suas filhas Deus como seu Pai. Após a refeição, uma delas disse: "Mamãe, a cadeira de Deus está quentinha!", e a mãe testemunhou a nós que colocou as mãos em todos os assentos, e somente os que ela, suas filhas e o Senhor se sentaram estavam quentes. O Pai perfeito estava ali para comer com elas. Esse é o nosso Deus. Ele é presente, ama e cuida de nós e de nossos filhos. E é capaz de curar almas.

Observe que, em certos casos, é importante ensinar mesmo quando nossas crianças sequer erraram. Existem fatalidades, como doenças, perdas e diversas outras complicações. Isso tudo pode gerar traumas e mágoas se for ignorado ou suprimido. Contudo, se trouxermos a perspectiva celestial (cf. Efésios 2.6) para toda e qualquer situação, corrigiremos os corações de nossos filhos, alinhando-os de acordo com os pensamentos do Senhor. Mesmo diante das maiores aflições, Ele está presente e tem amor, conforto e esperança para nós.

Nosso papel é justamente trazer as verdades de Deus a eles, seja em momentos de conflito, tristeza, dificuldade ou questões simples do dia a dia. Sabendo disso, também vale considerar que é muito melhor eles errarem conosco e enquanto são pequenos, porque, assim, poderemos repreendê-los para que isso não se transforme em um hábito e acarrete falhas maiores no futuro. Portanto, celebre a oportunidade de discipliná-los no instante em que mentem, roubam uma coisinha, apresentam um mau comportamento na escola ou machucam um amiguinho, pois logo cedo compreenderão as consequências disso e aprenderão a fazer o que é certo.

Por outro lado, em algumas situações, cabe também agir com misericórdia. Afinal, o Senhor Deus é misericordioso conosco todos os dias; merecíamos o Inferno, mas Ele enviou Jesus para nos salvar, pagando o preço pelos nossos pecados com Sua vida. Logo, aplicar essa lógica em certos casos ensina aos nossos filhos sobre o amor do Senhor. Assim, quando entendemos o valor da empatia ao falar e escutar nossos pequenos, ao liberar e pedir perdão, nós os corrigiremos com discernimento, zelo e intencionalidade.

DICAS PRÁTICAS

Há três perguntas a serem respondidas diante de uma prática reprovável: o que corrigir? Por que corrigir? E como corrigir?

Com sabedoria e a direção do Espírito Santo, você instruirá crianças fortes e tementes ao Senhor. Elas se tornarão adultos posicionados, que trarão o Reino de Deus para a Terra. Então, seja sempre fiel em fazer sua parte nesse processo. Observe se há desrespeito, desonra e desobediência em seus comportamentos e, se houver, endireite-os para que cresçam no caminho certo. Lembre-se de que honrar os pais é o único mandamento com promessa (cf. Êxodo 20.12) e que seus filhos serão abençoados por cumpri-lo. Se nossos filhos não honrarem a nós, a quem estão vendo, como farão o mesmo com Deus, que não conseguem ver?

> Lembre-se de que honrar os pais é o único mandamento com promessa e que seus filhos serão abençoados por cumpri-lo.

CAPACITAR

Devemos instruir nossos filhos para que não só conheçam os bons valores, mas também os exerçam no dia a dia. Por isso, eles precisam ser capacitados com ferramentas emocionais, sociais e espirituais. Afinal, muitos até sabem o que é certo e o que é errado, mas a diferença está em aprender a praticar os princípios e valores corretos, conforme o Senhor revela em Sua Palavra.

Em Efésios 6.4, Deus nos orienta, por meio de Paulo, da seguinte forma:

> E vocês, pais, não provoquem os seus filhos à ira, mas tratem de criá-los na disciplina e na admoestação do Senhor.

Assim, não se trata de levá-los a fazer o que queremos, criando conflitos desnecessários, mas, sim, cultivar neles a disciplina e os advertir, respaldados pelo amor de Deus. Nós, pais, fomos chamados para criá-los. E essa palavra (utilizada no trecho bíblico anteriormente) no original grego, significa "tornar maduro, nutrir".[3] Ou seja, nossa tarefa não se restringe apenas a pagar a escola e comprar comida. Também é nosso papel acompanhar seu crescimento e estimular a maturidade. No mesmo versículo, os termos "disciplina" e "admoestação" têm sua origem na palavra grega *paideia*[4], que está totalmente relacionada à cultura, educação e fundamentos. E estes devem ser conforme os do Reino de Deus.

Por incrível que pareça, não devemos simplesmente fazer de nossos filhos ótimos cidadãos brasileiros. Mais do que isso, Deus espera que os eduquemos para que vivam como realmente são: cidadãos da Pátria Celestial. Nascemos neste mundo, mas não somos daqui, nossa identidade é de realeza e sacerdócio (cf. 1 Pedro 2.9).

Sabendo que cultura é a expressão de valores por meio de nossas atitudes, conseguimos identificar a

---

[3] *EKTREPHO* [1325]. *In*: DICIONÁRIO bíblico Strong. Barueri: Sociedade Bíblica do Brasil, 2002.

[4] *PAIDEIA* [3809]. *In*: DICIONÁRIO bíblico Strong. Barueri: Sociedade Bíblica do Brasil, 2002.

origem de alguém simplesmente ao observar seu comportamento. Nesse sentido, precisamos compreender e viver tanto a cultura do Reino dos Céus, a ponto de sermos diferenciados apenas por nossas ações, que revelam a nossa filiação em Deus — e ensinarmos nossos filhos a mesma coisa.

De forma geral, brasileiros são reconhecidos por sua alegria; ingleses, pela pontualidade; japoneses, por sua honra e respeito; nós, cristãos, precisamos ser identificados pelo caráter de Cristo, amor, honestidade, paz, amabilidade, domínio próprio, generosidade, mover sobrenatural e tantas outras coisas que devem ser automaticamente relacionadas ao Reino de Deus.

Pais intencionais entendem que acima de nossa cidadania na Terra está a celestial. Nossas crianças precisam crescer conhecendo essa cultura e sendo capacitadas a viver nela naturalmente. Para que isso seja real, devemos viver expressando o fruto do Espírito Santo (cf. Gálatas 5.22-23), e ele aparece à medida que nos aproximamos de Deus e O buscamos.

Certa vez, em casa, fizemos uma atividade com a Bianca e o Matheus para os capacitarmos a viver uma cultura de honra. Todas as vezes que entrávamos no elevador era um momento de tensão, porque o Matheus falava absolutamente tudo o que ele via e passava em sua cabeça. Na época, nosso prédio estava em reformas, e sempre encontrávamos muitos trabalhadores no elevador. Quando nosso filho entrava lá, logo falava dos cheiros ruins que sentia. Nós dois quase morríamos de tanta vergonha, tentando deixá-lo quietinho. Então oramos: "Deus, o que podemos fazer para ensinar o Matheus a enxergar além do que ele vê?".

Até que, um dia, estávamos no elevador, e um dos gesseiros entrou todo sujo, e o Matheus, automaticamente, começou a observá-lo. Nessa hora, chamamos a atenção dele e começamos a conversar com aquele senhor. Elogiamos seu trabalho, dizendo como ele estava deixando os apartamentos do condomínio mais bonitos. O homem ficou todo orgulhoso e começou a falar com a gente; incentivamos o Matheus a agradecê-lo por fazer coisas tão lindas nas casas de tantas famílias.

Também perguntamos a ele: "Será que a sua casa é tão bonita como as que o senhor trabalha?". E ele disse: "Não, não é!". Naquele momento, pedimos para orar por ele, explicando que acreditávamos em Deus e em Jesus, e que Ele poderia presenteá-lo com um lindo lugar para morar. Enquanto o elevador subia, todos oramos por ele e agradecemos ao Senhor por sua vida e trabalho.

Aquele homem se sentiu honrado, agradecido, respeitado e valorizado. Percebemos que até sua postura física mudou depois de nossa conversa. Quando entramos em casa, o Matheus olhou para nós e disse: "Já sei o que quero ser quando crescer. Eu quero ser gesseiro!". Naquela hora, percebemos a importância da capacitação que estávamos proporcionando ao nosso filho, com princípios, não fazendo acepção de pessoas e enxergando a todos com dignidade e respeito.

Somos chamados a ser excelentes, realizando tudo para o Senhor, e não para os homens. Assim, ao criar nossas crianças, devemos entregar ferramentas de transformação em suas mãos, que as levarão a viver conforme valores sólidos e com maturidade.

AGORA, REFLITA

Como posso capacitar meus filhos a serem mansos, cheios de fé, bondosos, amorosos, generosos, pacificadores, amáveis e honestos?

Busque, com a ajuda do Espírito Santo, direções práticas e específicas para sua família. E pense nisso todos os dias, tanto em momentos especiais como nos difíceis. É nas situações mais cotidianas e comuns que grandes ensinamentos e transformações acontecem.

Agora que você já tem uma base sobre os cinco "C's" da criação de filhos, entenda que eles não são divididos em etapas ou um de cada vez. Na maioria das vezes, nós os colocamos em prática em uma única situação. Por isso, esteja atento para se posicionar intencionalmente considerando todas essas ferramentas que, agora, você tem em mãos.

Viver conforme nosso **chamado**, incentivando nossas crianças a fazerem o mesmo, **conectando-nos** com elas, **compartilhando**, **corrigindo** e proporcionando **capacitação**, nos permitirá **viver pequenos grandes milagres todos os dias**. Essas chaves podem modificar e restaurar a vida familiar nos mais diversos lares, desde que pais e mães se posicionem, verdadeiramente, para viverem conforme a Palavra.

CAPÍTULO **QUATRO**

VIDA COM DEUS

Sabemos que caminhar com Deus, tendo um relacionamento pessoal e verdadeiro com Ele, é o fundamento da vida de todo cristão. E ensinar nossos filhos a desenvolver esse estilo de vida, sabendo priorizá-lO a todo momento e em tudo que fazem, é uma tarefa que cabe a nós, pais e mães intencionais. Em primeiro lugar, pelo exemplo; em segundo lugar, proporcionando direções práticas e conhecimento a respeito do Senhor, e, ainda, incentivando-os com alegria.

Para isso, saiba que você não está sozinho. Compartilharemos todo aprendizado que descobrimos e temos praticado. E, como você já deve saber, conte sempre com a liderança e o direcionamento do Espírito Santo.

AMOR PELA PALAVRA

É impossível, para um cristão, amar a Deus e não amar a Bíblia. Se amamos verdadeiramente ao Senhor, precisamos também ser apaixonados por Sua Palavra, uma vez que, por meio dela, podemos conhecê-lO melhor. As Escrituras nos ajudam a cumprir o maior propósito de nossas vidas, que é sermos mais parecidos com Cristo a cada dia, amando o Senhor com tudo o que somos e ao próximo como a nós mesmos (cf. Mateus 22.37-39).

Tendo a leitura bíblica como parte de nossa rotina, transmitimos para nossos filhos quão importante é que eles também façam isso. Afinal, testificamos o quanto ela alimenta nossa alma e fortalece nossa fé (cf. Salmos 119.20; Romanos 10.17). Pais intencionais são apaixonados pela Palavra e, inevitavelmente, seus pequenos seguem o exemplo. É dessa forma que as crianças são inspiradas e instigadas por eles a desenvolverem esse hábito desde cedo, o qual revela obediência à instrução do Senhor a nós:

> **Se amamos verdadeiramente ao Senhor, precisamos também ser apaixonados por Sua Palavra, uma vez que, por meio dela, podemos conhecê-lO melhor.**

> Ensinem essas palavras aos seus filhos, falando delas quando estiverem sentados em casa, andando pelo caminho, quando se deitarem e quando se levantarem. (Deuteronômio 11.19)

O amor pelas Escrituras pode nascer antes mesmo de aprenderem a ler, por meio das histórias que ouvem, devocionais com a família e até mesmo pela curiosidade de manusear as páginas da Bíblia. Contar esses relatos para nossos filhos gera proximidade com o Texto Sagrado. É importante escolher, a cada dia, um novo capítulo para ler em voz alta para suas crianças e ser criativo nesse momento. Você pode encenar, fazer sons diferentes, gestos, brincar com o tom de voz, tudo para que os pequenos possam compreender melhor o que ouvem, interagir mais e ter essa rotina como algo divertido e cheio de amor.

É essencial também que você dê uma Bíblia para seu filho, mesmo que ele ainda seja um bebê. Procure uma versão ilustrada, bem bonita, ou uma comum (talvez igual a sua) e deixe-o livre para ver as imagens e textos. À medida que crescer, provavelmente terá curiosidades, dúvidas e interesse por ela, já que sempre foi incentivado a ter contato com esse conteúdo tão rico.

Reserve um momento para ler a Palavra com ele, um versículo ou um capítulo por dia, e vá aumentando conforme esse hábito for desenvolvido. Ensine sobre as passagens bíblicas, conte detalhes sobre as histórias e os ensinamentos extraídos delas. Faça essa leitura ser parte do cotidiano de sua família e o Livro Sagrado ser conhecido por suas crianças.

Mas nada disso vai funcionar se seus filhos não o virem lendo a Palavra todos os dias, pois é só assim que entenderão que essa é uma prática preciosa e primordial em sua vida. Como mencionamos anteriormente, eles aprendem muito pelo exemplo e observam as nossas atitudes. Diante dessa realidade, sabemos que, se não existir um tempo para o devocional em nossa rotina, dificilmente nossos pequenos encontrarão referência para fazê-lo. Por outro lado, se isso for algo que realizamos e amamos, eles, naturalmente, terão curiosidade e irão querer descobrir esse momento em suas próprias vidas também.

Quando nossos filhos, Matheus e Bianca, ainda eram bem pequenos, eu já os ensinava a fazerem o devocional, principalmente pelo exemplo. No meu momento com Deus, eu os chamava e os incluía, mostrando a Bíblia, lendo com eles e fazendo minhas anotações. Com o tempo, eles aprenderam e passaram a reproduzir minhas ações, mesmo sem entenderem profundamente o que faziam. Eles pintavam as páginas de suas Bíblias e me perguntavam o que estava escrito em cada trecho, e eu explicava sobre os versículos e ministrava a seus corações.

Em outras fases do desenvolvimento das crianças, pude aplicar a Palavra de novas maneiras. Ensinei a fazerem declarações da Verdade no dia a dia e, assim, terem acesso à realidade celestial de forma concreta e palpável. Por exemplo, certa vez, quando estavam com medo de dormir sozinhos, decidi ensiná-los sobre a segurança do Senhor. Então, li Salmos 4:8, que diz: "Em paz me deito e logo pego no sono, porque só tu, Senhor, me fazes repousar seguro". Por algum tempo, ministrei esse versículo aos dois e, todas as noites, o declarávamos até que eles conseguissem descansar tranquilos. Esse processo de aprendizado durou aproximadamente dois meses. Em determinado dia, logo pela manhã, o Matheus nos contou que havia conseguido adormecer rápido e em paz e que Deus o tinha guardado e protegido. Nós nos alegramos e agradecemos ao Senhor juntos.

> A Palavra é poderosa e verdadeira. E Deus deseja que nossos filhos, ainda em sua infância, testifiquem desse poder, vivendo suas próprias experiências com ela.

A Palavra é poderosa e verdadeira. E Deus deseja que nossos filhos, ainda em sua infância, testifiquem desse poder, vivendo suas próprias experiências com ela. Quanto mais nos alimentamos da Bíblia, mais guardamos Seus mandamentos em nossos corações e os praticamos com constância em tudo. Passamos até mesmo a usar as direções das Escrituras para corrigir, ensinar e cuidar de nossos pequenos, como está escrito em Josué 1.8:

> Não cesse de falar deste Livro da Lei; pelo contrário, medite nele dia e noite, para que você tenha o cuidado de fazer segundo tudo o que nele está escrito; então você prosperará e será bem-sucedido.

Queremos que nossos filhos prosperem e sejam bem sucedidos, e o segredo disso está na Bíblia. Todos nós fomos feitos para viver em comunhão com o Senhor, e é por meio de Sua Palavra que podemos conhecer melhor Seus pensamentos e preceitos, Sua forma de agir e Seu coração. É por isso que devemos ser tão firmes e posicionados em instruir nossas crianças a lerem as Escrituras diariamente e a meditar nelas de dia e de noite, buscando direções e respostas diante de toda e qualquer situação.

É admirável ver isso se tornar algo natural e rotineiro em suas vidas. Ainda mais quando eles começam a compartilhar testemunhos lindos e simples de um relacionamento com Deus, que é fielmente construído. Sabendo dos frutos que isso pode gerar, não desista, mesmo quando não for tão fácil. Continue investindo no desenvolvimento dessa prática. Parabenize-os; ajude quando tiverem dúvidas e os direcione para que não deixem de buscar o conhecimento da Palavra.

Saiba que, assim como acontece conosco, em certos dias, eles não terão muita vontade de fazer o devocional. Em razão disso, provavelmente, reclamarão, terão preguiça de ler e serão distraídos por diversas outras tarefas e entretenimento. Quando estiver diante de situações como essas, o segredo é ensiná-los a ser constantes e fiéis em seus compromissos. Assim como precisamos comer bem, beber água e dormir para mantermos nosso corpo saudável, também temos a necessidade de nos dedicarmos a um tempo de comunhão com o Senhor e ler Sua Palavra para sermos vivificados. Ela alimenta nosso espírito e nos fortalece.

DICAS PRÁTICAS

Para facilitar esse processo, você pode encontrar uma versão ou tradução mais simples. Incentive-os a fazer perguntas e tirar ensinamentos práticos para aquele dia. Peça também para que eles digam o que entenderam do texto lido, o que os marcou e as lições que desejam lembrar depois. Anotar esses pontos é outro exercício muito bom.

Reflita com eles sobre cada aprendizado e compartilhe o que o Senhor já disse a você em alguma situação de sua vida. Eles podem listar motivos de gratidão diários, além de copiar um versículo por dia em um caderno para gravarem no coração e na mente. Use sua criatividade, pois existem milhares de possibilidades para engajá-los nesse momento.

Nunca se esqueça de que filhos que amam a Bíblia são um reflexo de pais discipuladores, tementes a Deus, que buscam conhecê-lO cada vez mais. Portanto, considere a dedicação às Escrituras como algo inegociável em sua vida e na criação dos seus pequenos.

DESENVOLVENDO UMA VIDA DE ORAÇÃO

Quando conhecemos alguém, na maioria das vezes, não desenrolamos longas conversas de imediato. Normalmente, dizemos "oi", apresentamo-nos e fazemos aquelas perguntas gerais para conhecer melhor a pessoa. Pode ser que, depois, nos tornemos super próximos ou não, isso depende da frequência com que conversaremos ao longo do tempo. No começo, dificilmente o diálogo flui com naturalidade. Somente com muitos encontros nos sentiremos mais confortáveis na presença um do outro.

Com Deus, não é tão diferente. Ele é uma Pessoa, e somente passando tempo juntos, escutando-O e falando com Ele, nós O conheceremos cada vez mais. É assim que, aos poucos, desenvolvemos uma relação profunda. Seria estranho pensar que basta aceitarmos Jesus como nosso Senhor e Salvador para, automaticamente, de um dia para o outro, tornarmo-nos íntimos d'Ele. Na

> É através das orações frequentes que firmaremos um relacionamento cada vez mais consolidado e íntimo com Ele. A própria Palavra nos instrui a fazer isso, como está escrito em 1 Tessalonicenses 5.17: "Orem sem cessar".

verdade, devemos construir intencionalmente esse relacionamento, de forma consistente e constante, além de dedicar nossa atenção e estabelecê-lO como prioridade.

Claro que, diferentemente de uma pessoa comum, com quem nos encontramos pela primeira vez, Ele já nos conhece. Outro contraste entre uma conversa normal e uma oração é que Deus é soberano, Alguém que deve ser honrado e temido; só que, ao mesmo tempo, é amoroso e deseja estar próximo a nós. É justamente por meio de conversas frequentes que firmaremos um relacionamento cada vez mais sólido e íntimo com Ele. Por isso é tão importante desenvolvermos uma vida de oração; a própria Palavra nos instrui a fazer isso, como está escrito em 1 Tessalonicenses 5.17: "Orem sem cessar".

Observe que a Bíblia não nos orienta a apenas orarmos, mas a fazermos isso constantemente. O que faz bastante sentido, pois costumamos conhecer muitas pessoas ao longo da vida, mas só passamos tempo junto de quem valorizamos e desejamos ter por perto. Jesus claramente demonstrou o quanto apreciava estar com o Pai. Em Seus dias na Terra, Ele vivia em constante oração, sempre Se retirava para falar com o Senhor, priorizando esse momento.

E com Seu exemplo, Ele também nos ensinou a orar, dando direções bem específicas e práticas:

> Mas, ao orar, entre no seu quarto e, fechada a porta, ore ao seu Pai, que está em secreto. E o seu Pai, que vê em secreto, lhe dará a recompensa. E, orando, não usem vãs repetições,

como os gentios; porque eles pensam que por muito falar serão ouvidos. Não sejam, portanto, como eles; porque o Pai de vocês sabe o que vocês precisam, antes mesmo de lhe pedirem. (Mateus 6.6-8)

Ele disse essas coisas em resposta aos Seus discípulos. De tudo o que poderiam perguntar, desde "como operar milagres?" ou "como fazer uma pregação incrível, que atraia uma multidão?", pediram para que o Mestre lhes ensinasse a orar. Isso indica que, caminhando junto a Ele, compreenderam o que era mais importante em Sua vida; e que isso não deveria ser feito de qualquer maneira. Por que, então, tantas vezes pensamos que nossos pequenos já nasceram sabendo tudo sobre oração?

Por mais que demonstrem interesse em buscar ao Senhor desde cedo, especialmente as crianças que tiveram bons exemplos em casa, vendo pai e mãe orando todos os dias (o que deve acontecer), eles também precisam ser instruídos de forma clara, simples e prática. Foi assim que o nosso Mestre fez, portanto, nada mais inteligente do que ter a mesma atitude com nossos filhos.

Destacamos esses pontos sobre o assunto, mas, lendo a Palavra, você encontrará ainda muitos outros aspectos importantes sobre a oração. Com isso, saiba que muito melhor do que apenas ter mais conhecimento de como falar com o Senhor é, de fato, colocar em prática tudo que descobriu até então. Você pode demonstrar isso no cotidiano: ao tomar decisões; ao aconselhar; quando se encontrar diante de alegrias, agradecendo ao Senhor;

DICAS PRÁTICAS

Ensine sobre a oração conforme está escrito na Bíblia, isto é:

- Devemos orar sem cessar (cf. 1 Tessalonicenses 5.17);
- É importante separar um tempo para orar em secreto (cf. Mateus 6.6);
- Não fazer repetições sem sentido (cf. Mateus 6.7);
- Ter confiança de que Ele ouve a oração do justo (cf. 1 Pedro 3.12);
- Cabe a nós buscá-lO (cf. Mateus 7.7-8);
- Temos de pedir ao Senhor aquilo que precisamos (cf. Mateus 7.7-8; Filipenses 4.6);
- Por meio de nossas orações, trazemos à existência a realidade celestial (cf. Mateus 18.18).

ou de dificuldades, clamando por Sua ajuda. Com seu exemplo e instrução, seu filho também desenvolverá uma vida de oração constante.

Lembre-se também de que nunca é cedo demais para impactar a vida de seus pequenos com o poder da oração. Como mencionamos anteriormente, mesmo no ventre, o bebê já pode interagir com a presença de Deus. Segundo Roberto Cardoso, chefe de Medicina Fetal do Femme Laboratório da Mulher de São Paulo, a partir da 16ª semana, seu filho começa a ouvir sons abafados no útero, podendo distinguir e ouvir a voz materna por volta da 21ª semana.[1] Orar com seu pequeno durante a gravidez libera palavras poderosas de bênçãos sobre a vida dele, que o impactarão para sempre.

Ao orarmos e compartilharmos sobre os grandes testemunhos do que Deus fez com nossas crianças, deixamos em suas memórias a certeza de que Ele está interessado em ouvir a nossa voz e fazer milagres. Nossos filhos, por exemplo, conhecem as histórias de quando o Senhor falou conosco sobre a vida deles quando ainda não haviam nascido. Contamos isso de forma intencional, para semear em seus corações fé e convicção de que Ele já os desejava, mesmo antes de virem ao mundo.

Antes do nascimento da Bianca, o Lucas decidiu pintar e preparar o quarto dela e, fazendo isso, teve um lindo encontro com Deus. Enquanto esperava a tinta secar na parede, observou o desenho de uma cruz com parte da pintura que estava secando. Naquele momento, a presença do Senhor encheu o quarto de tal maneira

---

[1] ECHEVERRIA, Malu. **O bebê já ouve desde a barriga?** Publicado por *Revista Crescer* em setembro de 2015. Disponível em *https://revistacrescer.globo.com/Seu-bebe-nao-para/A-importancia-do-abraco/noticia/2015/09/o-bebe-ja-ouve-desde-barriga.html*. Acesso em julho de 2021.

que ele não conseguia ficar de pé, ajoelhou-se diante da cruz, e o Senhor ministrou em seu coração sobre nossa filha, dizendo que ela carregaria pureza e a presença de Jesus e estaria sempre ao lado dela de forma sobrenatural. Essa história marca a nossa família e representa muito sobre quem a Bianca é. Mais tarde, compartilhamos isso com ela para confirmar sua identidade.

O milagre que vivemos na gravidez do Matheus também é conhecido por ele. Assim como o fato de ele ter sido a mais linda surpresa de Deus para nós, num momento em que sequer imaginávamos que a Jackie poderia engravidar. Eles sabem da graça derramada sobre suas vidas e dos propósitos do Senhor para cada um, e isso os leva a ter confiança para conversar com Deus e ouvir Sua voz. Afinal, têm consciência de que são amados e desejados por Ele e que suas histórias foram escritas por Suas mãos.

É enquanto desenvolvemos uma vida de oração que podemos ensinar muitos princípios e valores, como a natureza sobrenatural de Deus. Nós começamos a ver isso acontecer com o Matheus e a Bianca, que passaram a pedir por socorro primeiro a Ele e somente depois vinham buscar nossa ajuda quando necessário. Algo que nunca esqueceremos foi quando nossa filha teve uma experiência sobrenatural durante o recreio na escola. Ela tinha apenas cinco anos, e contou que, enquanto estava sentada se preparando para comer com dois amiguinhos, orou abençoando o lanche e sentiu alguém cutucar seu ombro.

Imediatamente, ela olhou, não viu ninguém e soube que era Jesus. Então, ouviu Ele dizer: "Bibi, sua mãe tem um caderninho. Fala para ela anotar que, quando você tiver dezoito anos, vou levá-la para a África".

Ao ouvir essa história, sentimos nossos corações se encherem de temor, e a Jackie orou, perguntando ao Senhor onde a Bianca tinha ouvido sobre a África. Então, o Espírito Santo lembrou-a de todas as orações que fizemos por nossa família e lhe disse: "Você sempre me pede para que eu esteja com ela na escola. Eu estou lá! Ela tem um grande chamado e vai precisar de muitas confirmações durante toda sua vida. Eu estou fazendo isso". Então, ela e a Bianca anotaram aquilo que Jesus havia falado, com a certeza de que Ele cumprirá o que prometeu. Esse acontecimento marcou a sua história e a nossa caminhada de fé, testificando em nosso coração que o Senhor cuida dos nossos filhos e Se faz presente na vida deles.

Pudemos experimentar a realidade de que uma oração feita por pais, com o intuito de proteger o coração de seus filhos contra todo mal e de enchê-los com a Verdade, dá fruto no tempo certo. Orar por nossas crianças, ensiná-las a buscarem a Deus dessa maneira e a praticarem Sua Palavra coloca suas vidas sob a proteção do Senhor. Faz eles crescerem como o homem prudente, que construiu sua casa sobre a rocha (cf. Mateus 7.24-25); como consequência, eles não cairão quando as tempestades vierem e prosperarão em tudo quanto fizerem. Desejamos que você e a sua família entendam isso e priorizem uma vida de constante oração, busca pela presença de Deus, além de conhecimento e exercício das Escrituras.

Deus Se revela a nós e às nossas crianças a partir da confiança que temos n'Ele, a qual obtemos ao conhecê-lO, e assim vivemos Seus milagres cotidianos. Não é sempre que haverá grandes encontros e revelações, como aconteceu com a Bibi na escola. Mas o Senhor sempre faz algo novo (cf. Isaías 43.19) e incrível, pois tudo o que Ele realiza é bom (cf. Salmos 92.5). Você verá Sua ação sobrenatural entrar na rotina de sua família de maneira natural se simplesmente for intencional em apresentar o valor de uma vida de oração a seus pequenos. Caminhar com Deus é buscá-lO a todo instante, em cada passo, em todos os lugares e situações.

ENSINE HONRA AOS SEUS FILHOS

Honra é uma palavra pouco usada em nosso cotidiano brasileiro. Não é muito comum esse princípio ser cultivado e prestigiado entre as pessoas fora de um contexto cristão; seja em relação aos pais, aos mais velhos, aos professores, aos policiais etc. Honrar significa reconhecer valores e virtudes em nosso próximo, celebrá-los acima dos defeitos, sabendo que todo o dom e qualidade vem do Pai das luzes (cf. Tiago 1.17). É extremamente necessário ensinarmos isso aos nossos filhos, porque se trata de um princípio do Reino de Deus.

Viver a cultura da honra é diferente de bajular alguém. Ou seja, não é sobre a tentativa de obter alguma vantagem com o outro. Esse tipo de atitude não tem nada a ver com o princípio em questão. Ao honrarmos verdadeiramente, não temos interesse na hierarquia das pessoas, mas escolhemos valorizar, de forma genuína, características específicas delas. Nós não queremos filhos bajuladores, e sim honrosos, que sabem reconhecer a importância de todos, independentemente da posição social, salário, posses ou trabalho.

Honrar significa reconhecer valores e virtudes em nosso próximo, celebrá-los acima dos defeitos, sabendo que todo o dom e qualidade vem do Pai das luzes.

Em nossa casa, sempre fomos muito intencionais ao ensinar sobre honra. A Bianca, que é muito observadora, percebia bastante nossas atitudes que exemplificavam isso. Certo dia, ela veio nos contar que gostaria de ser faxineira, como a moça que limpava a nossa casa, porque gostava muito dela. A Bibi disse, toda empolgada, que, quando começasse a trabalhar, iria nos dar de presente um dia inteiro de faxina em nosso lar. Essa fala nos revelou um coração que já entendia o valor das pessoas. Com um único raciocínio, ela honrou a nós e à nossa faxineira. Pequenas atitudes como essa mostram a verdadeira intenção do coração. Hoje, ela tem outro sonho de profissão, mas, naquele momento, seu pensamento cheio de pureza nos deixou convictos de que a estávamos educando corretamente.

Não há espaço para desonra e menosprezo no Reino de Deus, e a Bíblia é clara quanto a isso. É o que podemos observar em Romanos 12.10: "Amem uns aos outros com amor fraternal. Quanto à honra, deem sempre preferência aos outros". Mais do que exercitar esse princípio com aqueles que consideramos agradáveis e exemplares, devemos ter essa mesma atitude com quem não admiramos. Seja uma pessoa que já nos causou, particularmente, algum mal ou até alguma autoridade desonesta. Ensinamos que honra é tratar a todos como se fossem Jesus.

O rei Davi exemplificou isso muito bem. Mesmo tendo sido perseguido por Saul (o rei de Israel que o antecedeu) ao longo de anos, ele o honrou até o fim de sua vida, pois entendia que toda autoridade é constituída por Deus, conforme, tempos depois, o apóstolo Paulo registrou em Romanos 13.1-2. Foi por isso que Davi não o matou quando teve a oportunidade (cf. 1 Samuel 24), mesmo que isso significasse um risco para a sua própria vida. Depois da morte de Saul, ele continuou mostrando lealdade a seu único parente vivo, Mefibosete, chamando-o para comer em sua mesa (cf. 2 Samuel 9).

Portanto, você, pai intencional, deve manter um coração grato e, em seu dia a dia, valorizar cada pessoa que passa em seu caminho. Observe seus atos e se questione sobre quão honroso você tem sido; como são seus relacionamentos atuais e de que maneira você tem tratado as pessoas ao seu redor. São os detalhes, os pequenos atos diários que nos levam a ser como Jesus, que servia aos Seus discípulos e lavou os pés de cada um deles (cf. João 13), mesmo sendo Deus.

Alinhe seu coração conforme o do Senhor e esteja atento a suas menores atitudes, sendo intencional em desenvolver uma cultura de honra em sua própria vida e na criação de seus filhos.

A CULTURA DO REINO

Já falamos algumas vezes até aqui sobre sermos posicionados e decididos no que diz respeito à cultura que desejamos implementar em nossos lares. Como cristãos, sabemos que, independentemente do lugar em que nascemos e moramos, somos cidadãos do Reino dos Céus (cf. Filipenses 3.20). Essa realidade nos faz viver como quem tem uma dupla cidadania, sendo brasileiros, mas também celestiais. Só que a nossa identidade de cidadãos do Reino de Deus deve ser sempre predominante e manifesta em tudo o que fazemos. É desse modo que nós e nossas famílias viveremos nesta Terra.

Nosso estilo de vida representa uma pátria invisível e espiritual, o Reino de Deus que é chegado (cf. Mateus 4.17). Na prática, somos homens e mulheres que não se amoldam aos padrões deste mundo (cf. Romanos 12.2), mas se posicionam como sal e luz (cf. Mateus

5.13-14) para fazer a diferença na Terra, por meio da pregação do Evangelho de Jesus Cristo e da manifestação de Sua cultura. E isso, que se inicia em nossas vidas e famílias, impacta todos ao nosso redor, pois onde quer que estejamos, seremos naturalmente sobrenaturais, isto é, generosos, honrosos, biblicamente embasados, humildes e fiéis seguidores de Jesus, que buscam um caráter como o d'Ele. Pode ser que isso soe como algo muito simples, mas, se observar bem, não é comum nesta Terra.

Além de termos a natureza de Cristo, obviamente também cabe a nós manifestar todas as

Representamos uma pátria invisível e espiritual, o Reino de Deus que é chegado. Ou seja, somos homens e mulheres que não se amoldam aos padrões deste mundo, mas que se posicionam como sal e luz para fazer a diferença na Terra.

Suas outras obras, como curas, sinais e maravilhas. Tudo a fim de dar Glória ao Pai, e para que, mesmo os mais incrédulos, testifiquem a ação sobrenatural do Senhor.

Para que nossos lares estejam mergulhados na cultura celestial, e nossos filhos experimentem essa realidade, é necessário abastecermos nosso espírito com a Palavra de Deus. Ensine seus pequenos, dia e noite, conforme o que está escrito nela e, assim, implante a cultura do Reino de Deus, que é composta por paz, justiça e alegria no Espírito Santo (cf. Romanos 14.17).

Para sabermos se temos vivido o que Jesus nos mostra nos Evangelhos, precisamos observar o fruto do Espírito em nossas crianças e em nós. É isso que evidencia nossa caminhada com Deus, conforme Seus parâmetros, e pode ser analisado na vida de Cristo. Ele é o exemplo perfeito de paz, amor, alegria, longanimidade, bondade, benignidade, fidelidade, mansidão e domínio próprio, tudo o que compõe o fruto do Espírito apresentado em Gálatas 5.22.

Analise o que precisa ser desenvolvido em sua família para que vivam, de fato, conforme a cultura do Reino. Para tanto, considere que você precisará:

1. Definir seus valores (planejamento);

2. Aplicar estratégias (execução);

3. Permitir e não permitir (promoção e proteção da cultura).

A cultura expressa nossos valores, e estes, portanto, precisam ser bem definidos. Se seus filhos são impacientes e não demonstram domínio próprio, por exemplo, é preciso que eles aprendam sobre o fruto do Espírito Santo e a necessidade de tê-lO em suas vidas. Ensine como é bom fazer o que agrada a Deus e que isso gera em nós algo maravilhoso. Tenha em mente que os princípios bíblicos devem ser aplicados por meio de ações práticas, como doar brinquedos, revelando bondade; esperar pelo momento certo para receber algo, exercitando a paciência; e até em atividades familiares, expressando o amor.

Sendo consistente com isso, aos poucos, se tornará algo natural. Sabemos que uma cultura foi corretamente implementada quando as atitudes referentes a ela fluem de forma espontânea. Mas, enquanto isso não acontece, precisamos ser bastante intencionais em promover esses costumes, reforçando os ideais e valores apreciados pelo Senhor.

Considerando as condutas adequadas para sua família, pense no que deve ou não ser permitido em seu lar. Quais atitudes, falas e posicionamentos são toleráveis e quais não são. Devemos delimitar e ser bem claros e enfáticos com nossos pequenos quanto ao que é certo e o que é errado. Eles precisam reconhecer os limites, sendo disciplinados quando os ultrapassarem. Não podemos aceitar atos negativos, como egoísmo, inveja, ira e maldade, e devemos incentivar as atitudes positivas.

Com ações intencionais, a cultura do Reino será, pouco a pouco, estabelecida dentro de sua casa, e você verá a transformação acontecendo. Crianças aprendem muito rapidamente. Quando menos esperar, seus filhos surpreenderão você com atos que revelam a natureza de Deus. Diante dessas situações, saberá que os parâmetros divinos foram instaurados em sua família.

Essa construção, que se inicia com um relacionamento bem fundamentado em Deus, sendo desenvolvida com oração e leitura da Palavra, avança com a interferência sobrenatural em nossos lares e os torna pequenas "embaixadas" do Reino glorioso do Senhor.

CAPÍTULO **CINCO**

OS PAIS E A ESCOLA

  Uma vez que vivemos em comunhão com o Senhor e implementamos a cultura do Reino em nossos lares, também é importante pensarmos intencionalmente em todos os outros ambientes que nossas crianças frequentarão, em especial na escola. Afinal, além de nossos pequenos passarem bastante tempo lá, trata-se de uma instituição que interfere diretamente na educação deles.

  Sendo assim, precisamos partir de alguns pressupostos básicos antes de os matricularmos num colégio. O primeiro é entender que nossos filhos são corpo, alma e espírito. E, na escola, todos esses aspectos estarão suscetíveis a influências. Portanto, desde cedo, é essencial trabalharmos para que eles sejam integralmente bem desenvolvidos, tendo uma identidade firmada nas verdades do Pai. Para simplificar, podemos pensar na sequência: **ser — fazer — ter**.

Considerando o que a Palavra diz sobre a vida de Cristo e a forma como Ele Se desenvolveu como ser humano, sabemos que nasceu em uma família. Sim, o Cristo, Filho de Deus, foi confiado a um núcleo familiar nesta Terra (observe como, de fato, essa é uma instituição sagrada e especial). Ele teve pai e mãe, foi educado por eles e, só depois de adulto, passou a exercer Seu ministério. Mas, **antes de fazer** qualquer coisa, foi batizado nas águas e, naquele momento, ouviu a voz de Deus Pai dizendo: "[...] Este é o meu Filho amado, em quem me agrado" (Mateus 3.17). Foi quando Jesus recebeu a revelação de Sua **identidade**. Ele é **Filho amado**. Firmado nessa verdade, passou a servir conforme o ministério ao qual Deus O havia direcionado. Começou a **fazer** algo. Entretanto, logo no início do exercício de Seu chamado, Cristo foi tentado por Satanás. O Inimigo sutilmente buscou confundi-lO quanto à Sua identidade, de acordo com o que está escrito:

> Então o tentador, aproximando-se, disse a Jesus: – Se você é o Filho de Deus, mande que estas pedras se transformem em pães. Jesus, porém, respondeu: – Está escrito: "O ser humano não viverá só de pão, mas de toda palavra que procede da boca de Deus". (Mateus 4.3-4)

O Diabo disse: "Se você é o Filho de Deus", questionando sua filiação e omitindo a palavra **amado**. Ou seja, a identidade, geralmente, é o seu primeiro alvo. Foi assim com Jesus e será dessa forma com nossos filhos. Por isso, antes de eles entenderem o que irão **fazer**, seja na faculdade, ministério, carreira e, inicialmente, na escola (preparando-se para essas outras etapas), precisam ter a revelação de quem **são**. Jesus sabia quem era e, assim, fez tudo o que o Pai Lhe pediu. Por isso, teve a recompensa da Sua obra. Isto é, Ele venceu a morte e subiu aos Céus, onde reina à direita de Deus (cf. 1 Pedro 3.22).

Portanto, seguindo o exemplo de Cristo, primeiro, descobrimos quem **somos** — o que acontece quando ouvimos aquilo que o Senhor diz a nosso respeito — e instruímos nossos filhos a fazerem o mesmo. Ao firmarem sua identidade, logo descobrirão o que **fazer**, pois terão consciência do que gostam e do que não gostam. Então, exercerão tudo quanto for necessário da melhor maneira possível. Terão motivação e alegria, pois se dedicarão ao que realmente amam e foram vocacionados a realizar. Cumprirão o chamado de Deus para Suas vidas, a fim de contribuírem com a expansão de Seu Reino. Com isso, consequentemente, **terão** o que precisam (cf. Mateus 6.33). Por isso, acreditamos que **ser** — **fazer** — **ter** seja a sequência lógica de um bom desenvolvimento do ser humano.

Nos dias de hoje, o ideal de muitas pessoas é exatamente o contrário. Procuram, primeiramente, ter e fazer, não importa o quê, para um dia se tornarem famosas, sentirem-se queridas, desejadas e até idolatradas. Só que, ao seguir esse caminho, muitas acabam não tendo nem fazendo, tampouco sendo o que o Pai planejou para elas. Suas vidas terminam sem que nunca tenham encontrado sua identidade verdadeira, que é a de **filhas amadas de Deus**. Quem não conhece gente assim? Inúmeros jovens e adultos são frustrados por não saberem quem realmente são. Isso é algo gravíssimo e preocupante.

Por outro lado, aqueles que crescem em um lar onde aprendem desde cedo a ouvir as verdades do Senhor a seu respeito são seguros e confiantes. Eles exalam uma identidade bem-firmada, tanto em suas relações quanto em tudo que fazem. Isso também vale para as crianças maiores, adolescentes, jovens e adultos que não desfrutaram desse privilégio, porém tiveram um encontro transformador com o Senhor. Sabemos que quanto antes descobrirmos quem somos n'Ele, melhor. Mas, com Sua graça e amor, há esperança, cura e redenção para todos.

> **Aqueles que crescem em um lar onde aprendem desde cedo a ouvir as verdades do Senhor a seu respeito são seguros e confiantes.**

Partindo de uma identidade verdadeira, fundamentada nas palavras de Deus para direcionar o futuro de nossos pequenos, podemos, então, seguir para as próximas etapas, como encontrar uma boa escola para eles.

Para isso, há algumas perguntas que devemos ter em mente: **Qual é o propósito da educação? O que define uma escola e qual a sua função? Como escolher uma boa instituição de ensino para nossos filhos?** Trataremos a respeito de cada uma dessas questões a seguir.

QUAL É O PROPÓSITO DA EDUCAÇÃO?

O propósito da educação deve ser a formação de pessoas com corpo, alma e espírito saudáveis. Indivíduos que saibam quem são, de modo que possam fazer as tarefas para as quais foram chamados e, só depois, terem aquilo que realmente merecem. Isso significa que colherão o que plantarem. O fim último da educação é a autoconsciência, saber quem eu sou. Quando nossos filhos alcançam isso, tornam-se jovens que terminam o ensino médio e conseguem fazer escolhas assertivas quanto a suas faculdades, por exemplo, pois realmente conhecem sua identidade, o que gostam e querem ser. Isso os levará a ter sucesso na vida.

> O propósito da educação deve ser a formação de pessoas com corpo, alma e espírito saudáveis.

Uma pesquisa feita pelo Portal Educacional, com mais de dois mil adolescentes, mostrou que 54% dos estudantes que estão no terceiro ano do ensino médio ainda não decidiram qual curso realizar.[1] Outro estudo, da empresa de treinamento CMOV — Construindo Carreiras, revela que 80% dos universitários brasileiros não sabem qual carreira profissional seguir.[2] Isso é um fracasso educacional evidente.

Você pode perguntar aos diretores das melhores escolas particulares do Brasil se seus alunos sabem o que querem fazer da vida. Descobrirá que a resposta é "não". Grande parte tem dúvidas entre ser *youtuber* ou blogueiro, outros pensam em cursar Medicina ou Direito, ou, ainda, estão indecisos entre Psicologia e *Marketing*. Fora isso, muitos não têm a menor ideia. É por isso que acabam ingressando na faculdade sem a certeza do que querem e, consequentemente, têm uma chance grande de fracassar logo no primeiro ano. Não é à toa que, no Brasil, aproximadamente 56% dos estudantes desistiram ou trocaram de curso ao longo da graduação.[3]

---

[1] **Mais da metade dos estudantes ainda não decidiram qual faculdade fazer**. Publicado por *Guia do estudante* em agosto de 2011 e atualizado em maio de 2017. Disponível em *https://guiadoestudante. abril.com.br/universidades/mais-da-metade-dos-estudantes-ainda-nao- -decidiram-qual-faculdade-fazer/*. Acesso em agosto de 2021.

[2] FILHO, Francisco Alves. **Pesquisa: 80% dos universitários não sabem o que fazer profissionalmente**. Publicado por *O Dia*, em julho de 2018. Disponível em *https://odia.ig.com.br/colunas/ profissao-certa/2018/07/5557320-pesquisa-80-dos-universitarios-nao- sabem-o-que-fazer-profissionalmente.html*. Acesso em agosto de 2021.

[3] **Índice de troca ou abandono de curso em faculdades equivale à metade dos ingressantes**. Publicado por *Estado de Minas*, em julho de 2018. Disponível em *https://www.em.com.br/app/noticia/especiais/ educacao/2018/07/17/internas_educacao,973969/indice-de-troca-ou-abandono- de-curso-em-faculdades-equivale-a-metade-d.shtml*. Acesso em agosto de 2021.

Se pararmos para pensar, os fatos são evidentes. Afinal, as pessoas definem o curso de modo arbitrário. Como não sabem o que fazer, tentam adivinhar e escolhem qualquer coisa. Assim, sem ter um propósito, um objetivo certo, nas primeiras experiências universitárias, acabam se decepcionando e perdendo a vontade de concluir a graduação.

Muitas vezes, isso acontece logo nos primeiros semestres de faculdade. Mas ainda existem aqueles que desistem no quarto ano, porque, depois de todo esse período, esses jovens amadurecem, com quatro ou cinco anos de atraso, aquilo que já deveriam ter desenvolvido há um tempo. Talvez isso tenha acontecido com você. Hoje reconhece que não teve o discernimento necessário para decidir um curso e ir até o fim e ainda percebe os prejuízos disso na área profissional. Por isso, gostaríamos de convidá-lo a refletir: será que nossos filhos estão amadurecendo no tempo certo, conforme cada faixa etária?

É claro como a luz do Sol que boa parte dos jovens, atualmente, é imatura. Muitos deles foram crianças "adultizadas" e tornaram-se sujeitos infantilizados. Essa é a resposta ao caminho inverso do **ser** — **fazer** — **ter**. O propósito da educação precisa focar a formação do **ser**. Mas muitas escolas ainda não entenderam isso, por esse motivo é importantíssimo avaliar a instituição e o método de ensino que escolherá para seu filho.

O QUE DEFINE UMA ESCOLA E QUAL A SUA FUNÇÃO?

Escola é uma instituição de ensino e de educação composta por pelo menos dois grupos de pessoas: professores e alunos. Ela não apenas leciona determinadas matérias, mas também instrui. "Ensinar" se origina da palavra hebraica *chanak*, que significa "treinar, instruir".[4] Já o verbo "educar" vem da palavra *paideia*, em grego, que diz respeito ao cultivo da mente e da moralidade.[5] Trata-se de desenvolver em uma pessoa princípios e valores que determinam suas atitudes. Resumidamente, é sobre implementar uma cultura. No latim, a palavra "educar" tem o sentido de conduzir a criança de dentro para fora.[6]

A partir dessas definições, entendemos que a ideia de que a escola ensina e a família educa é errada, ambas ensinam e educam. No colégio, a criança não

> **Entendemos que a ideia de que a escola ensina e a família educa é errada, ambas ensinam e educam.**

---

[4] *CHANAK* [02596]. *In*: DICIONÁRIO Bíblico Strong. Barueri: Sociedade Bíblica do Brasil, 2002.

[5] *PAIDEIA* [3809]. *In*: DICIONÁRIO Bíblico Strong. Barueri: Sociedade Bíblica do Brasil, 2002.

[6] *ĒDŪCŌ, is, ēre, dūxī, ductum*. *In*: DICIONÁRIO de Latim-Português. 2. ed. Porto: Porto Editora, 2001.

aprenderá apenas Matemática, Português, História etc., mas também manias e hábitos que seus professores e amigos tenham. Notamos um exemplo disso quando o Matheus, com seus sete anos, começou a roer as unhas. Ficamos intrigados para saber onde ele tinha adquirido esse costume. Para a nossa surpresa, descobrimos que sua professora tinha essa prática, e que não só o Matheus passou a fazer isso como também todos os seus colegas de classe. Ela quis ensinar essa mania? Não! Mas, mesmo sem querer, fez isso. Afinal, crianças não aprendem apenas a partir do que captam com seus ouvidos, mas também com aquilo que observam. Elas são como esponjas, prontas para absorver tudo o que estiver ao redor.

Em Efésios 6.4, Paulo aconselha os cristãos de Éfeso a criarem seus filhos na disciplina do Senhor. Nesse trecho, a palavra original traduzida como "disciplina" é, na verdade, *paideia*.[7] Na cidade de Éfeso, as pessoas eram instruídas conforme a *paideia* grega, que era repleta de ídolos e costumes totalmente contrários ao cristianismo. Paulo estava alertando os pais para que eles não criassem seus filhos de acordo com uma cultura pagã, mas debaixo da conduta do Reino, a *paideia* do Senhor.

Sendo assim, recomendamos que os pais cristãos revejam a maneira como seus filhos são ensinados e educados. O conselho de Paulo para os pais em Éfeso vale

---

[7] *PAIDEIA* [3809]. *In*: DICIONÁRIO Bíblico Strong. Barueri: Sociedade Bíblica do Brasil, 2002.

> **Não podemos ser cristãos que permitem que nossos pequenos tenham uma educação pagã.**

para nós hoje; é crucial revisarmos a forma e o conteúdo que nossas crianças estão aprendendo. Não podemos ser cristãos que permitem que nossos pequenos tenham uma educação pagã. Em razão disso, é muito importante analisarmos o que acontece dentro das instituições que nossos filhos frequentarão. Não faz sentido colocá-los em lugares que plantarão princípios e valores contrários à cultura do Reino.

UM BREVE PANORAMA DA HISTÓRIA DA ESCOLA

Um dos primeiros modelos de educação, como conhecemos hoje, é o que se chama de educação clássica. Feita com base no currículo *trivium* (que significa "três caminhos" ou "três vias"), ela aborda gramática, lógica e retórica, e cada um desses tópicos abrange diversos temas. Nesse modelo, não se separavam as turmas por idade, mas por fase, e em cada uma havia um foco. Dos cinco aos onze anos, trabalhava-se mais a gramática. Dos onze aos catorze, dedicavam-se à lógica. Por fim, dos catorze aos dezoito, os alunos desenvolviam a retórica. Esse tipo de educação se baseava no micro – macro, isto é, do indivíduo para o mundo cósmico maior. Para os gregos, havia um forte senso de que uma pessoa seria verdadeiramente humana uma vez que estivesse em uma relação harmoniosa com o universo. É isso o que Steve Turley explica:

> A educação clássica era o projeto pelo qual o aluno era iniciado em uma cultura que materializava ou fundamentava uma piedade cósmica que permitia ao aluno cumprir seu propósito divino e, assim, tornar-se verdadeiramente humano. E esta visão de educação permaneceu normativa por 2.200 anos, começando com Platão, florescendo sob os romanos e depois na cristandade, até meados do século 19.[8]

A educação clássica se desenvolveu mantendo alguns temas e padrões. Até que, no fim da Idade Média (a tão famosa Idade das Trevas, que ocorreu entre os séculos V e XV), houve um declínio. Surgiu, então, o Renascimento (1350-1600) e, nesse período, a Reforma Protestante (1517-1700), que trouxe de volta o incentivo ao estudo, sobretudo das línguas clássicas, porque ela enfatizou a importância de conhecer as Escrituras Sagradas.

O grande movimento que se seguiu a esse período foi o Iluminismo (o qual se deu entre os séculos XVII e XVIII, também conhecido como o "Século das Luzes"), que foi marcado pela renúncia à autoridade das Escrituras e por um estudo ateísta, no qual a compreensão do mundo ocorreria sem referências ao ensino ou à soberania da Bíblia.

---

[8] TURLEY, Steve. **Educação clássica vs. educação moderna**: a visão de C. S. Lewis. São Paulo: Editora Trinitas, 2018.

Com a quebra da cristandade no século XVII, tornava-se cada vez mais plausível considerar o conhecimento como algo limitado apenas ao que se pode verificar por aplicação da ciência e da razão. Por causa dessa nova visão, apareceu outra definição de religião, na qual ela passa a não ser mais considerada como algo essencial a todo ser humano, mas apenas como uma escolha pessoal.

Após o Iluminismo, houve as Revoluções Francesa e Industrial, nas quais surgiu o marxismo. Até meados desse mesmo século, a maioria dos cientistas era teísta, isto é, compartilhava a ideia de que Deus tinha concebido todas as criaturas do Planeta. Mas, em 1859, Charles Darwin publicou o livro *A origem das espécies*[9], apresentando a teoria da evolução. Ela caiu como uma luva no pensamento da época, pois retirou, quase completamente, Deus da educação. Na metade do século XX, por volta da década de 1950, o panorama educacional dos Estados Unidos havia mudado, claramente, de um modelo clássico para um "progressista", ou seja, não conservador.

Essencialmente, o modelo progressista tem como base a teoria do conhecimento marxista, no qual o professor deixa de ser aquele que transmite o conhecimento e passa a ser apenas um mediador deste. Parece algo bonito, mas, na verdade, é destruidor. Retira-se a autoridade do educador para que ela seja transmitida ao aluno.

---

[9] DARWIN, Charles. **A origem das espécies**. São Paulo: Edipro, 2018.

Além de tudo isso, ainda no século XX, surge o relativismo. Nessa corrente de pensamento, os conceitos do que seria belo, verdadeiro e bom passaram a ser questionados. Pressupõe-se que não existe verdade absoluta, por isso aquilo que é realmente bom e belo é relativizado. A educação "progressista", que impregnou nosso século, é o início de um novo declínio do ensino. Afinal, tirando o Senhor do centro e colocando o Homem em Seu lugar, existem apenas incertezas.[10]

Então, surgem as dúvidas: e o que fazer? Como mudar isso? C. S. Lewis pondera em seu livro *Cristianismo puro e simples*: "Penso que, se examinarmos o estado atual do mundo, é bastante óbvio que a humanidade cometeu algum grande erro. Tomamos o caminho errado. Se assim for, devemos dar meia-volta. Voltar é o caminho mais rápido".[11]

O experimento moderno na educação tem cerca de cem anos e já está murchando. Já o experimento clássico tem aproximadamente mil anos e está prestes a renascer. É o que afirma Steve Turley em seu livro que trata desse assunto:

> A boa notícia é que nas últimas três décadas vimos nada menos que um renascimento da educação cristã clássica nos Estados

---

[10] Todas as informações históricas aqui relatadas têm como fonte a obra: TURLEY, Steve. **Educação clássica vs. educação moderna**: a visão de C. S. Lewis. São Paulo: Editora Trinitas, 2018.

[11] LEWIS, C. S. **Cristianismo puro e simple**s. 1. ed. São Paulo: Martins Fontes, 2005. p. 17.

Unidos no ressurgimento do ensino domiciliar, de escolas, faculdades e universidades confessionais pelo método clássico de educação. De acordo com as estatísticas da Associação de Escolas Cristãs Clássicas (AECC), havia 10 escolas clássicas no país em 1994, enquanto hoje há mais de 230. E já estamos vendo os efeitos desse tipo de educação. Em 2011, as escolas clássicas apresentaram as pontuações mais elevadas no exame padronizado SAT em cada uma das três categorias avaliadas — leitura, matemática e escrita — dentre todos os tipos de escola — independentes, públicas e religiosas.[12]

A educação domiciliar, também conhecida como *homeschooling*, cresce estrondosamente nos Estados Unidos e no Brasil, bem como o número de escolas cristãs. A Associação Nacional de Educação Domiciliar registra mais de 17.000 famílias brasileiras que a praticam, o que significa um crescimento de mais de 2.000% entre 2001 e 2018.[13] É importante entender que esse modelo educacional é um direito de cada pai e mãe; não é crime no Brasil, embora ainda não seja regulamentado. Crime mesmo é o abandono intelectual.[14]

---

[12] TURLEY, Steve. *Op. cit.*

[13] **Dados sobre educação domiciliar no Brasil**. Publicado por *ANED – Associação Nacional de Educação Domiciliar*. Disponível em *https://www.aned.org.br/index.php?id=38*. Acesso em agosto de 2021.

[14] **Código Penal**: dos crimes contra a família, 246. Disponível em *http://www.planalto.gov.br/ccivil_03/decreto-lei/del2848compilado.htm*. Acesso em agosto de 2021.

COMO ESCOLHER UMA BOA ESCOLA PARA OS NOSSOS FILHOS?

O Senhor não confiou a tarefa de educar nossos filhos ao Estado, mas a nós, pais. Precisamos entender isso antes de pensar na escolha de uma escola para nossos pequenos. Não podemos delegar a uma instituição a responsabilidade de educá-los. O mais viável é encontrar um colégio que reforce o trabalho que já realizamos em casa e ofereça a eles mais informação e conhecimento sobre temas diversos (aos quais, talvez, não tivemos acesso), contribuindo, assim, para que cresçam em corpo, alma e espírito. Você, como pai ou mãe, está plantando uma semente no coração de seu filho por meio de sua criação. Portanto, não deve colocá-lo em um lugar que cultivará algo diferente.

Hoje em dia, nas escolas públicas e construtivistas do Brasil, não se reverencia a Deus. Pelo contrário, como contam com uma esmagadora maioria de professores com ideais progressistas, são levados a relativizar Sua existência. Assim, ao matricularmos nossos filhos em ambientes como esses, proporcionamos a eles lições diárias de ateísmo prático, que surtirão um efeito desastroso a médio e longo prazo. Precisamos entender que a promessa do Inimigo no jardim do Éden, de que o ser

> **Não podemos delegar a uma instituição a responsabilidade de educá-los.**

humano seria conhecedor do bem e do mal, cumpriu--se em um Estado socialista. Nele, o homem é como um deus, que determina, por si mesmo, o que é bom e o que é ruim; ele é considerado o centro de todas as coisas e se encontra totalmente afastado dos padrões divinos.

    A educação brasileira, hoje, é predominantemente socialista, e a mudança desta realidade demandará tempo e trabalho árduo. É necessário termos a compreensão de que destruir o laço natural entre pais e filhos é uma parte fundamental da agenda marxista. Por isso, os professores são ensinados, nas faculdades de Pedagogia, Letras, História, e tantas outras, a respeito dessa ideologia. Isso acontece de forma tão incisiva que a maioria desses educadores acaba aderindo aos princípios dessa doutrina, que é absolutamente antibíblica. Por fim, eles são inseridos dentro das escolas, em especial as públicas e construtivistas. Enquanto isso, os colégios cristãos conservadores e a educação domiciliar frustram os planos dessa agenda ideológica. Não é à toa que todo o grupo de pais e educadores conservadores é fortemente perseguido pela massa de professores e ativistas progressistas.

    O governo socialista, que vivemos por longos anos no Brasil, foi intensamente contra a educação domiciliar, uma vez que ela fortalece o vínculo familiar. Hoje, em 2021, temos um Governo Federal conservador, que tem lutado bastante para diminuir a força dessa doutrina dentro das instituições. Mas levará anos para que esse quadro seja revertido. Enquanto a educação pública brasileira continuar atendendo à agenda marxista, resta a nós, cristãos, buscarmos por escolas conservadoras e orarmos a respeito do *homeschooling*. Isso parece inalcançável em sua realidade? Ótimo! Essa é, então, uma grande oportunidade para um milagre! Nosso Deus é o Deus do impossível! Por isso, não vivemos pelo que nossos olhos nos mostram ou a nossa conta bancária nos fala, mas nos baseamos naquilo que Deus nos diz e convida a viver!

Nosso Governo Federal atual busca regulamentar a educação domiciliar. Mas, além disso, ainda é necessário destruir os preconceitos sobre ela, que foram gerados ao longo de tantos anos em que o progressismo se instalou em nossas redes de ensino. Talvez você esteja se questionando se nós, cristãos, não deveríamos colocar nossos filhos nessas escolas que sofrem grande influência socialista, justamente para que eles façam a diferença, levando o Reino de Deus e sendo sal da Terra. O problema disso é que eles não nascem prontos para "salgar", antes, precisam aprender a serem sal. A semente precisa germinar e crescer para, então, frutificar. Enquanto esse processo de maturação da semente correta, do Evangelho, não acontecer, não podemos permitir que outras entrem em seus corações.

Em Mateus 5.13 está escrito:

> Vocês são o sal da terra; ora, **se o sal vier a ser insípido**, como lhe restaurar o sabor? **Para nada mais presta** senão para, **lançado fora, ser pisado pelos homens**. (grifos dos autores)

Não precisamos correr o risco de que nossos pequenos se tornem insípidos, por estarem num ambiente tão hostil, ainda sem a maturidade e o conhecimento necessários para "salgarem" a Terra. Nosso dever é sermos intencionais em formar bem os nossos filhos, no corpo, na alma e no espírito, para que, na hora certa, eles estejam prontos para trazer o Reino de Deus a este mundo, conforme os propósitos do Pai para suas vidas. Não podemos esquecer que, quando os discípulos de Jesus ainda eram treinados por Ele, não foram enviados para pregar o Evangelho sozinhos, mas de dois em dois. Não deixe seu filho desacompanhado numa "missão escolar" antes de ele estar maduro e equipado para isso.

O trabalho de desenvolvê-los e capacitá-los para realizar as obras que o Senhor separou para eles é justamente o que cabe a nós. Podemos chamar esse processo de educação. Queremos instigá-los a estudarem mais e orarem a respeito da educação domiciliar. Se, para você, essa realidade não é viável, considere ainda uma escola por princípios, sobre a qual explicaremos um pouco melhor.

> **Nosso dever é sermos intencionais em formar bem os nossos filhos, no corpo, na alma e no espírito, para que, na hora certa, eles estejam prontos para trazer o Reino de Deus a este mundo, conforme os propósitos do Pai para suas vidas.**

De acordo com a AECEP (Associação de Escolas Cristãs de Educação por Princípios), a Abordagem Educacional por Princípios funciona da seguinte forma:

> [...] Compreende uma visão e práticas de ensino-aprendizagem reflexivas que colocam a Verdade da Palavra de Deus no centro de cada área educacional. Partindo do reconhecimento da soberania de Deus em todas as áreas da vida, conduz o estudante a raciocinar por meio de princípios e exame das relações de causa-efeito exercido, para internalizar uma cosmovisão Bíblica conforme se apropriado do conhecimento de conhecimento.[15]

De modo resumido, essa abordagem educacional se dá a partir da aplicação destes sete princípios:

1. O princípio da Soberania: o fluxo legítimo de poder vem de Deus (cf. Isaías 33.22; João 19.11);

2. O princípio da Individualidade: conforme a individualidade de Deus (cf. 1 Coríntios 12.4-11; Romanos 12.4-8);

3. O princípio do Autogoverno: a verdadeira liberdade ocorre quando somos governados internamente, isto é, obedecemos a Deus, e Cristo reina em nossas vidas (cf. Provérbios 16.32; 1 Timóteo 3.5);

---

[15] JÚNIOR, Roberto Rinaldi. **Sete princípios governamentais da AEP**: o que são e por quê? Publicado por *AECEP*. Disponível em *https://aecep.org.br/seteprincipios/*. Acesso em agosto de 2021.

4. O princípio do Caráter: manifestamos a imagem de Deus ao sermos moldados conforme o caráter de Cristo (cf. Salmos 128.2; Mateus 7.24-26);

5. O princípio da Mordomia: zelamos por nossa consciência e somos responsáveis pelo que Deus confia a nós (cf. Atos 24.16; Mateus 25.21);

6. O princípio da Semeadura e colheita: semear pensamentos, palavras e ações agradáveis a Deus (cf. Gálatas 6.7; Mateus 7.12);

> Oramos por vocês, queridos pais, para que a voz de Deus seja a resposta para a educação dos seus filhos, e que o dinheiro não seja o determinante nessa escolha, e sim o que Ele diz.

7. O princípio da Aliança: união de pessoas que compartilham princípios e propósito (cf. Amós 3.3; 1 Coríntios 1.10).[16]

Esse modelo de educação é baseado na metodologia hebraica, na qual o ensino tem o objetivo final de conhecer a Deus. Ou seja, procura-se adquirir entendimento para relacionar-se com Cristo e louvá-lO. Diante de tudo isso, sugerimos que considerem escolas com essa abordagem como uma excelente opção para seus pequenos.

Para encerrar esse assunto, oramos por vocês, queridos pais, para que a voz de Deus seja a resposta para

---

[16] *Ibid.*

a educação dos seus filhos, e que o dinheiro não seja o determinante nessa escolha, e sim o que Ele diz. Oramos para que a provisão venha sobre suas casas e que vocês experimentem a ação sobrenatural de Deus com relação à educação de suas crianças. Que vocês se tornem modelo no meio dos pais com quem convivem para que influenciem muitos outros, e que o medo da falta não tenha poder sobre suas mentes e corações. Mas que tenham total confiança em Deus, crendo que se Ele deu filhos para vocês, dará também total capacidade e meios para ensiná-los e educá-los, em casa ou onde estiverem.

DICAS PRÁTICAS

Se você já tem filho(s) matriculado(s) em uma escola, mas essa instituição vai contra seus princípios e valores, ore e retire-o(s) de lá! Se o que o impede de fazer isso é o dinheiro, peça direção a Deus e dê passos de fé. Busque conhecer outras escolas que possuam princípios e valores condizentes com os seus e veja se é possível pleitear uma bolsa de estudos. Nosso Deus move corações.

Se está pensando na possibilidade de *homeschooling*, não tenha medo! Se o Senhor lhe deu filhos, também irá capacitar você para educá-los e ensiná-los. Busque auxílio de outras pessoas que compartilhem desse objetivo. Muitas famílias no Brasil praticam a educação domiciliar. Você não estará sozinho.

CAPÍTULO **SEIS**

DICAS SOBRE O USO DA TECNOLOGIA E SAÚDE FINANCEIRA

Como explicamos, a criação intencional de filhos requer uma mudança de mentalidade, primeiramente em nós, pais, que acarretará a transformação de nossos pequenos. Para isso, é essencial uma série de posicionamentos bastante práticos. Além do que já mencionamos até aqui, trataremos a respeito de dois outros fatores importantes: uma boa administração do uso da tecnologia e o ensino de gestão financeira.

CRIANÇAS E O USO DA TECNOLOGIA

Muitos são os benefícios do uso da tecnologia: aproximamo-nos de maneira virtual de quem está fisicamente longe; temos acesso imediato a informações e notícias de todos os lugares do mundo; podemos pedir comida; fazer compras; encontrar hotéis, casas e tantas outras coisas, tudo ao alcance da nossa mão. Sabemos o quanto a *internet* e a conexão *Wi-Fi* revolucionaram o mundo moderno e trouxeram comodidade em inúmeras áreas. Mas precisamos fugir da alienação e compreender que, mesmo oferecendo tantas vantagens, se usada com descuido e em excesso, a tecnologia proporciona também diversos malefícios, principalmente para a nossa família.

Os adultos que mais entendem de tecnologia dos celulares e aplicativos querem que seus filhos se afastem dela.

Em uma entrevista realizada em 2017 pelo jornal britânico Mirror, o fundador da Microsoft, Bill Gates, afirmou que ele e sua família não usam celular durante as refeições e que suas crianças só ganharam *smartphones* depois de completarem catorze anos.[1] Já o falecido

---

[1] RETTER, Emily. **Billionaire tech mogul Bill Gates reveals he banned his children from mobile phones until they turned 14**. Publicado por *Mirror* em abril de 2017 e atualizado em junho de 2018. Disponível em https://www.mirror.co.uk/tech/billionaire-tech-mogul-bill-gates-10265298. Acesso em agosto de 2021.

CEO da Apple, Steve Jobs, declarou que seus filhos não possuíam iPads (que ele mesmo inventou) e que o uso de eletrônicos era limitado dentro de sua casa.²

> **Mais se foca em telas, menos se olha nos olhos, o que tende a gerar desconexão emocional.**

Nos últimos tempos, o Vale do Silício — uma das maiores aglomerações de empresas com domínio de tecnologia de ponta do mundo — tem contado com um alto número de escolas que não fazem uso de equipamentos digitais. Uma reportagem de 2019 apontou dados crescentes de profissionais de grandes companhias de tecnologia que matricularam seus filhos em escolas que não usavam *internet* e proibiam *tablets*, *notebooks* e lousas digitais.³ Algumas sequer permitiam a utilização de calculadoras, incentivando totalmente a escrita manual, com lápis, agendas e cadernos.

Essas informações deveriam levantar um alerta em nós. Afinal, os adultos que mais entendem de tecnologia

---

² **Bill Gates limita o acesso dos filhos à tecnologia — e não é o único**. Publicado por *Época Negócios* em janeiro de 2018 e atualizado em fevereiro de 2019. Disponível em *https://epocanegocios.globo.com/Tecnologia/noticia/2018/01/por-que-bill-gates-acredita-que-o-acesso-de-criancas-tecnologia-deve-ser-limitado.html*. Acesso em agosto de 2021.

³ GUIMÓN, Pablo. **Os gurus digitais criam os filhos sem telas**. Publicado por *El País* em abril de 2019. Disponível em *https://brasil.elpais.com/brasil/2019/03/20/actualidad/1553105010_527764.html*. Acesso em agosto de 2021.

dos celulares e aplicativos querem que seus filhos se afastem dela, enquanto damos *tablets* e *smartphones* para os nossos e permitimos que eles os usem o dia inteiro. Isso dificulta o desenvolvimento de relacionamentos e vínculos afetivos, pois quanto mais se foca em telas, menos se olha nos olhos, o que tende a gerar desconexão emocional.

Somos seres biopsicossociais, isto é, compostos por três fatores que influenciam diretamente a nossa saúde: o nosso corpo biológico, mente e sociabilidade.[4] Qualquer um destes que não receber os devidos cuidados é adoecido ou enfraquecido. Assim, além de ter uma alimentação saudável, praticar exercícios, cuidar da qualidade de nosso sono e fazer coisas de que gostamos, precisamos também de bons relacionamentos e convivência agradável com outras pessoas.

Se isso não fosse importante, Deus não teria criado a mulher para ser a companheira de Adão nem afirmado que não era bom que ele estivesse só (cf. Gênesis 2.18). Nós nascemos para conviver e desenvolver vínculos afetivos com outros. Somos imagem e semelhança do nosso Deus, que é relacional e pessoal. Todos carecemos de afeto e interação social, sendo evidentes os malefícios do isolamento e da falta de conexões reais. É nesse sentido que John Cacioppo, psicólogo da Universidade de

---

[4] BALDISSERA, Olívia. **Modelo biopsicossocial**: dê adeus à separação entre saúde física e mental. Publicado por *Pós PUCPR Digital* em julho de 2021. Disponível em *https://posdigital.pucpr.br/blog/modelo-biopsicossocial*. Acesso em agosto de 2021.

Chicago, nos Estados Unidos, afirmou que a solidão e o hábito de fumar cigarros, a longo prazo, são igualmente prejudiciais à saúde.[5]

Uma criança viciada em tecnologia tende a ser mais impaciente e ansiosa em relação a uma saudável. Além disso, ela pode apresentar dificuldade para desenvolver conexão emocional longe das telas, pois lhe falta familiaridade com as relações humanas reais, e não virtuais. Os danos futuros são inúmeros, por isso, as medidas de prevenção precisam ser tomadas com urgência.

Outro ponto importante a respeito do uso excessivo e não supervisionado de dispositivos eletrônicos é a viabilização de acesso a conteúdos impróprios. Com tamanha sexualização nas mídias sociais, um bom ensino familiar acerca do sexo pode se perder ao clique de um vídeo, porque se apresenta uma versão corrompida do que

> Nós nascemos para conviver e desenvolver vínculos afetivos com outros. Somos imagem e semelhança do nosso Deus, que é relacional e pessoal.

---

[5] **Psicólogo diz que isolamento social traz prejuízos similares ao do cigarro.** Publicado por *Correio Braziliense* em agosto de 2011. Disponível em *https://www.correiobraziliense.com.br/app/noticia/ciencia-e-saude/2011/08/15/interna_ciencia_saude,265523/psicologo-diz-que-isolamento-social-traz-prejuizos-similares-ao-do-cigarro.shtml*. Acesso em agosto de 2021.

Deus fez para ser bom. Na *internet*, esse assunto é abordado com imoralidade, egoísmo e impureza, de maneira banalizada e descompromissada, completamente fora do padrão santo e bíblico.

Em contrapartida, no ambiente familiar, conseguimos ensinar sobre a preservação do corpo, a exposição pessoal e a autoimagem correta. Em casa, a identidade de nossos pequenos é firmada com base em afirmações amorosas, enquanto virtualmente aprende-se sobre comparação. É isso que gera no íntimo deles a necessidade de aprovação do mundo em vez da busca por plenitude no Senhor.

Para proteger nossos filhos, nada mais coerente a fazer do que limitar o uso da *internet* e nos posicionar intencionalmente no relacionamento familiar dentro de casa.

Para proteger nossos filhos, nada mais coerente a fazer do que limitar o uso da *internet* e nos posicionar intencionalmente no relacionamento familiar dentro de casa. Ser radical nesse sentido parece difícil e ultrapassado agora, mas os frutos que colheremos farão todo esforço valer a pena.

A Sociedade Brasileira de Pediatria (SBP) divulgou, no dia onze de fevereiro de 2020, o Manual de Orientação #MenosTelas #MaisSaúde. Elaborado pelo

> **DICAS PRÁTICAS**
>
> Existem aplicativos que permitem que os pais supervisionem os celulares de seus filhos, bloqueando certos temas, assuntos e *sites*. Procure algum que lhe agrade e use-o com sabedoria.

Grupo de Trabalho sobre Saúde na Era Digital da SBP, esse material complementa e atualiza as recomendações lançadas pela entidade em 2016. Ele tem o objetivo de promover a saúde e o bem-estar de crianças e adolescentes em contato constante com tecnologias digitais, como *smartphones*, computadores e *tablets*. Entre as principais orientações, destacam-se:

- **Evitar** a exposição de crianças **menores de dois anos** às telas, mesmo que passivamente;
- Limitar o tempo de telas ao máximo de **uma hora por dia**, sempre com supervisão para crianças com idades entre **dois e cinco anos**;
- Limitar o tempo de telas ao máximo de **uma ou duas horas por dia**, sempre com supervisão para crianças **com idades entre seis e 10 anos**;

- Limitar o tempo de telas e jogos de *videogame* a **duas ou três horas por dia**, sempre com supervisão para **adolescentes com idades entre 11 e 18 anos**; e nunca permitir que eles passem a noite e a madrugada toda jogando;

- Para todas as idades: nada de telas durante as refeições e, de uma a duas horas antes de dormir, desconectar-se de todos os aparelhos eletrônicos;

- Oferecer como alternativas: atividades esportivas, exercícios ao ar livre ou contato direto com a natureza, sempre com supervisão responsável;

- Criar regras saudáveis para o uso de equipamentos e aplicativos digitais, além das regras de segurança, senhas e filtros apropriados para toda a família, incluindo momentos de desconexão e mais convivência familiar;

- Encontros com desconhecidos *on-line* ou *off-line* devem ser evitados; saber com quem e onde a criança está, o que está jogando e conhecer conteúdos de risco transmitidos (mensagens, vídeos ou *webcam*) é responsabilidade legal dos pais/cuidadores;

- Conteúdos ou vídeos com teor de violência, abusos, exploração sexual, nudez, pornografia ou produções inadequadas e danosas ao desenvolvimento cerebral e mental de crianças e adolescentes, postados por cibercriminosos, devem ser denunciados e retirados pelas empresas de entretenimento ou publicidade responsáveis.[6]

Talvez você esteja assustado com os limites, mas precisamos entender que há uma necessidade de impô-los para as crianças, principalmente em relação ao acesso à *internet*. Estabelecer algumas regras, com certeza, trará uma ótima colheita a longo prazo. De acordo com a SBP, alguns dos problemas médicos que podem afetar a saúde de nossos pequenos pelo uso excessivo de tecnologia são:

- Dependência digital e uso problemático das mídias interativas;

- Problemas de saúde mental: irritabilidade, ansiedade e depressão;

- Transtornos do *deficit* de atenção e hiperatividade;

- Transtornos do sono;

- Transtornos de alimentação: sobrepeso/obesidade e anorexia/bulimia;

- Sedentarismo e falta da prática de exercícios;

- *Bullying* e *cyberbullying*;

---

[6] **SBP atualiza recomendações sobre saúde de crianças e adolescentes na era digital.** Publicado pela *Sociedade Brasileira de Pediatria (SBP)* em fevereiro de 2020. Disponível em https://www.sbp.com.br/imprensa/detalhe/nid/sbp-atualiza-recomendacoes-sobre-saude-de-criancas-e-adolescentes-na-era-digital/. Acesso em agosto de 2021.

- Transtornos da imagem corporal e da autoestima;
- Riscos da sexualidade, nudez, *sexting*, sextorsão, abuso sexual, estupro virtual;
- Comportamentos autolesivos, indução e riscos de suicídio;
- Aumento da violência, abusos e fatalidades;
- Problemas visuais, miopia e síndrome visual do computador;
- Problemas auditivos e perda auditiva induzida pelo ruído (PAIR);
- Transtornos posturais e músculo-esqueléticos;
- Uso de nicotina, *vaping*, bebidas alcoólicas, maconha, anabolizantes e outras drogas.[7]

O acesso a ambientes virtuais é algo muito sério, por isso é necessário dar atenção a esse assunto. Caso contrário, o preço a ser pago será bem alto. Se perceber em seus filhos algum dos pontos mencionados, procure ajuda médica e do Espírito Santo para saber como tirá-los desse vício. Você vai conseguir!

Por outro lado, vale lembrar que as tecnologias não são vilãs ou nossas inimigas, mas, assim como tantos outros aspectos na vida de nossos pequenos, requerem

---

[7] *Ibid.*

atenção de nossa parte. Devemos cuidar não apenas da quantidade de telas a que nossos filhos são expostos, mas também da qualidade do conteúdo que consomem. Não permita vídeos cheios de futilidades e sexualidade; incentive sempre o acesso a páginas educativas, que acrescentarão algo valioso à vida deles.

Nunca perca de vista que pais intencionais protegem suas crianças e constroem vínculos verdadeiros e afetivos com elas. Não aceitam que vivam alienadas, confusas e tristes, mas sabiamente monitoram e corrigem suas atitudes.

SAÚDE FINANCEIRA

Um adulto maduro, saudável e próspero não é formado da noite para o dia. Valores e princípios precisam ser ensinados desde a infância para que, com o tempo, sejam enraizados no coração de nossos filhos. Se os educamos acerca das finanças e de como lidar com o dinheiro à luz da Bíblia enquanto ainda são pequenos, preparamos um fundamento sólido sobre o qual construirão por toda a vida. Desse modo, frutificarão e prosperarão de maneira sustentável.

Eles aprendem sobre isso não apenas com nossas palavras, mas de forma prática, com tudo o que fazemos no dia a dia. Nosso planejamento para pagar as contas, ofertar e dizimar na igreja, presentear família e amigos e até mesmo o ato de dar uma gorjeta mostrará aos pequenos como exercer uma boa mordomia dos recursos que o Senhor confiou a nós. De fato, o exemplo que damos, seja ele bom ou ruim, influencia bastante o modo como nossos filhos irão gerir seu dinheiro, pois o que eles enxergam em casa refletirá em suas futuras decisões.

> **De fato, o exemplo que damos, seja ele bom ou ruim, influencia bastante o modo como nossos filhos irão gerir seu dinheiro.**

Seja intencional em cuidar sabiamente das finanças de sua família, pensando no modelo que é ministrado no coração de seus pequenos. Mantenha-se organizado e diligente, pergunte a si mesmo se está compreendendo o dinheiro à luz da Palavra de Deus. Verifique se ele tem ocupado a posição correta em sua vida, não de senhor, mas de servo: um meio para um fim, que é glorificar a Deus, e não direcionar suas decisões.

Em 1 Timóteo 6.10, está escrito que o amor ao dinheiro é a raiz de todos os males. Com essa afirmação, entendemos que tê-lo não é o problema, mas sim amá-lo, acreditando que seu extrato do banco deve ditar suas escolhas. Reserve um tempo para colocar seu coração diante do Senhor. E caso reconheça em si a idolatria ao dinheiro, isto é, se costuma ter medo da falta e nunca está satisfeito com o que possui, arrependa-se. O seu Deus é o grande Eu Sou. Ele é quem traça seu futuro e permeia seus caminhos do presente, não os seus recursos.

Entender e limpar a sua vida desse engano é o primeiro passo para ensinar, de forma responsável, saúde financeira aos seus filhos.

Quando eles começarem a expressar entendimento acerca do valor das coisas — sabendo, por exemplo, que seus brinquedos custaram trabalho e esforço e precisam ser guardados e cuidados para que não se percam ou quebrem por desleixo — será um ótimo momento para iniciar as conversas sobre dinheiro. Também ensine sobre generosidade e como é bom emprestar os brinquedos para os amiguinhos, porque a Bíblia diz que melhor é dar do que receber (cf. Atos 20.35).

Na escola, eles aprenderão matemática, tendo aulas de soma, subtração e divisão; esse também é um bom cenário para falar sobre finanças. Foi o que fizemos com o Matheus. Quando ele completou seis anos, começamos a instruí-lo sobre saúde financeira. Então, passamos a lhe dar uma mesada para que aprendesse a administrar aquela quantia. Todas as sextas-feiras, ele comprava lanche na escola. Na época, dávamos a ele cinco reais semanais, que totalizavam vinte no mês, e eram entregues em notas de dois reais. Nesse período, introduzimos o ensino do dízimo, partindo do princípio de que as primícias pertencem a Deus, como está escrito:

> Consagre-me todo primogênito. Todo o primeiro que sair do ventre de sua mãe entre os israelitas, tanto de homens como de animais, é meu. (Êxodo 13.2)

Nesse capítulo de Êxodo, o Senhor orientou Seu povo a levantar um memorial, pois os havia libertado do Egito de forma poderosa. Ele pediu para que o primeiro cordeiro puro e sem mácula do rebanho fosse oferecido, a fim de expressar consagração e gratidão.

Quando falamos sobre esse princípio com o Matheus, explicamos essa passagem e como já havia indícios da vinda de Cristo há muitos e muitos anos. Jesus, o filho de Deus, foi enviado puro e totalmente sem pecado para morrer no madeiro por amor a nós. Ele é o Cordeiro perfeito, que redime a humanidade e nos transforma para sempre. O Matheus, com seus sete anos de idade, tinha acabado de entregar sua vida a Jesus, e foi exatamente nesse contexto que lhe ensinamos sobre dízimos e ofertas.

Aquele ano foi supermarcante em sua vida, cheio de revelações novas e entendimento do amor de Deus. Quando demos a ele sua primeira mesada, o Lucas explicou que a décima parte daquele dinheiro deveria ser separada e entregue ao Senhor. Ele logo hesitou e perguntou o motivo. Então, o lembramos de que, com mão forte, Deus o tinha libertado de sua vida passada e permitido que nascesse novamente em Jesus para uma vida abundante com Ele, assim como fez ao povo de Israel (cf. Salmos 136). Entregar o dízimo é uma forma de dizer que confiamos no Senhor e sabemos que nada do que temos é nosso, porque tudo vem d'Ele, é por meio d'Ele e deve ser dedicado a Ele (cf. Romanos 11.36).

Entregar o dízimo é uma forma de dizer que confiamos no Senhor e sabemos que nada do que temos é nosso, porque tudo vem d'Ele, é por meio d'Ele e deve ser dedicado a Ele.

Ouvindo isso, o Matheus disse: "Mas, então, dez por cento é muito pouco!". Sim, uma criança de sete anos entendeu o significado do dízimo. Ao reconhecer a obra redentora de Cristo em sua vida e a bondade de Deus, compreendeu que entregar uma parte de seu dinheiro e consagrá-lo ao Senhor era o mínimo a fazer. Inúmeras outras passagens da Bíblia contemplam a importância desse princípio, como Levítico 27.30:

> Também todos os dízimos da terra, tanto dos cereais do campo como dos frutos das árvores, são do Senhor; são santos ao Senhor.

Não poupe esforços para buscar o entendimento e a revelação do coração de Deus sobre esse assunto. Tenha a simplicidade de uma criança para perceber que não se trata de um ato de religiosidade ou manipulação, mas de uma ordenança do Senhor. Não é preciso desenvolver um grande estudo teológico para apresentar princípios bíblicos aos seus filhos, basta que você compartilhe isso com sinceridade e viva conforme o que diz. Assim, eles farão o mesmo.

Todos que vivem segundo a Palavra desfrutam de muitas dádivas. Podemos testificar que se pode fazer muito mais com 90% de nossos recursos sob a bênção de Deus do que com os 100% sem ela. Dizimar é consagrar o que temos ao Senhor e depositar nossa confiança n'Ele, sabendo que nada nos faltará. Esse é o primeiro e mais importante conceito sobre saúde financeira a ser ensinado aos nossos pequenos. Depois dele, podemos avançar para outros aspectos de uma boa administração de recursos.

Ao entregar a primeira mesada do Matheus, a Jackie pensou que ele sairia correndo para gastar tudo no dia seguinte. A preocupação é válida, mas a verdade é que não seria ruim se ele fizesse isso, já que, assim, teria de lidar com as consequências de uma má gestão financeira logo cedo. É melhor que ele fique sem dinheiro enquanto pequeno, sob a nossa supervisão, e aprenda com isso, do que depois de grande, tendo de enfrentar problemas maiores.

> **Podemos testificar que se pode fazer muito mais com 90% de nossos recursos sob a bênção de Deus do que com os 100% sem ela. Dizimar é consagrar o que temos ao Senhor e depositar nossa confiança n'Ele, sabendo que nada nos faltará.**

O Matheus sabia que, dos vinte reais, dois eram reservados ao dízimo e o restante poderia gastar como quisesse. Imediatamente, notamos que ele desejou comprar um lanche na escola, mas não demorou muito para perceber que, se guardasse aquela quantia, poderia conseguir algo muito mais especial. Foi quando nos perguntou sobre o custo de um *videogame* e por quanto tempo teria de economizar para adquirir um.

Então, aproveitando o fato de que ele tinha uma meta, nós o ensinamos a montar um plano de ação para alcançá-la. Falamos sobre disciplina e economia, que, juntas, geram segurança e provisão. A partir daí, ele começou a juntar dinheiro e, no seu aniversário, convidou seus amigos para irem a uma lanchonete, onde compraria uma casquinha de sorvete para cada um. Chegando lá, um deles decidiu que queria um sanduíche, e o Matheus ficou sem saber se deveria pagar por isso ou insistir em oferecer a casquinha. Ao conversar com o Lucas, foi aconselhado a ouvir o Espírito Santo.

Outro amigo também quis um lanche, e todos os meninos acabaram desejando o mesmo. É provável que, naquele momento, uma confusão tenha se instaurado na mente do Matheus, mas a ideia de comprar seu *videogame* perdia espaço para a alegria de ver seus amigos felizes em seu aniversário. Diante daquela situação, ele se moveu em generosidade e decidiu pagar um hambúrguer para cada um. A felicidade de todos era visível.

> **Ensine seus filhos a não terem o dinheiro como um fim, mas um meio para a expansão do Reino de Deus da Terra.**

Chegando em casa, conversamos sobre sua atitude generosa e o parabenizamos por ela, uma vez que essa é uma virtude que agrada ao Senhor. Satisfeito com a ação do Matheus, o Lucas decidiu devolver a ele a quantia gasta na lanchonete, enfatizando como boas atitudes geram bons frutos. Assim, de forma prática e consistente, aos poucos, ensinamos conceitos bíblicos de finanças para nossos filhos.

É por isso que reforçamos a importância de darmos um excelente exemplo nesse sentido. Não deixe de desenvolver a generosidade de forma extravagante, seja responsável com as finanças e organize seu dinheiro. Seu modelo influenciará seus pequenos diretamente. Para auxiliá-lo nesse processo, considere quatro passos práticos que, quando aplicados em sua vida financeira, rapidamente lhe trarão bons resultados:

1. **Liberte-se das dívidas:** Viver em liberdade financeira significa não dever nada. Então, priorize quitar seus débitos e busque sempre a transparência nos negócios. A Bíblia diz, em Provérbios 22.7, que: "O rico domina sobre o pobre, e o que pede emprestado é servo de quem empresta". Saiba que não é pecado emprestar ou pedir um empréstimo, mas essa não é uma atitude sábia.

2. **Comporte-se de acordo com sua carteira:** Ou seja, comprometa apenas aquilo que você possui. Tenha em mente o primeiro passo prático: não será necessário pedir emprestado se você for responsável em não gastar além de suas possibilidades.

3. **Guarde para investir:** Tenha sonhos e se planeje para poupar dinheiro, assim poderá dar passos importantes na realização de seus objetivos. Defina mensalmente quais são os valores que serão guardados e trace metas em família. Conversem entre si e se organizem, sendo sempre fiéis com o que foi definido.

4. **Tenha uma vida de generosidade extravagante:** Ser generoso é um princípio cultural do Reino de Deus e rende frutos constantemente (cf. Provérbios 11.25; Lucas 6.38).

Instaure a cultura do Reino na sua casa em absolutamente todos os aspectos, incluindo as finanças. Ajude suas crianças a fazerem uma boa gestão do dinheiro, com autocontrole, valorizando o que têm nas mãos e sendo generosas. Ensine a elas a não terem o dinheiro como um fim, mas um meio para a expansão do Reino de Deus na Terra. Reconheça o senhorio completo do Senhor em seu lar, pois é dessa maneira que você e sua família colherão frutos de obediência.

CAPÍTULO **SETE**

SEXUALIDADE

O mundo não poupa esforços para falar de sexualidade. A mídia está cada vez mais submersa em um ciclo de perversão que deturpa essa área. Vemos a televisão, *internet*, músicas, *podcasts*, séries e jogos tomados de informações imorais; publicidades vergonhosas, com exposição do corpo, hipersexualização precoce e tantas mentiras ditas acerca de algo que foi feito para ser puro, santo e reservado ao tempo certo: o casamento entre homem e mulher. Entretanto, o conteúdo pornográfico tem chegado às crianças de várias maneiras, como aponta o doutor em segurança pela Pontifícia

Universidade Católica do Paraná (PUCPR), Altair Olivo Santin, e o acesso acontece principalmente a partir de compartilhamentos em redes sociais.[1]

Essa constatação desesperadora precisa causar uma indignação em nós, pais, levando-nos a nos posicionar com urgência e tomar as rédeas desse assunto na mente de nossos filhos, antes que percamos a guerra para as mentiras que estão gritando ao redor deles. Temos de assumir nossa posição nessa luta para impedir que uma agenda maligna roube a inocência de nossas crianças, deturpando as verdades celestiais.

Antes de tudo, devemos ser conscientes de sua vulnerabilidade emocional e mente frágil. Existe um princípio utilizado no estudo hermenêutico da Palavra de Deus que se encaixa perfeitamente no universo da educação infantil e serve para ilustrar esse fato: o Princípio da Primeira Menção. Nada mais é do que quando fazemos uma interpretação baseada na primeira vez em que um termo ou expressão é mencionado na Bíblia. Da mesma forma, quando uma criança recebe a primeira informação sobre algum assunto, isso se transforma em uma verdade para ela. Se, por exemplo, dissermos aos nossos filhos que Papai Noel existe,

---

[1] DIAS, Carla Bastos. **De acesso fácil, pornografia chega às crianças e pais precisam estar atentos**. Publicado por *Sempre Família* em maio de 2020. Disponível em https://www.semprefamilia.com.br/pais-e-filhos/acesso-facil-pornografia-chega-criancas-pais-precisam-estar-atentos/. Acesso em agosto de 2021.

abriremos espaço em seus corações e mentes para que acreditem nisso. Depois, ao crescerem e se depararem com a realidade, muitas vezes, terão de enfrentar dor e frustração desnecessárias, apenas por depositarem fé em algo falso.

Diante disso, devemos ser os primeiros a ensinar qualquer coisa aos pequenos, até mesmo as questões mais complexas, como o sexo. Assim, os princípios bíblicos serão apresentados como únicos e irrefutáveis, fechando todas as brechas para o engano futuro. Quando se é intencional em educar, amar, conectar e compartilhar com eles, um relacionamento de transparência e confiança é cultivado dentro do lar. E quem confia passa a escutar e obedecer. Nossa responsabilidade é manter um caminho aberto para as conversas, sendo honestos e conscientes na forma como dialogamos. A clareza em qualquer tema oferece a certeza de que nossas palavras são mais importantes do que as de outras pessoas. Tendo isso em vista, abordaremos sobre como tratar desse assunto com os meninos.

> **Devemos ser os primeiros a ensinar qualquer coisa aos pequenos, inclusive sobre o sexo. Assim, os princípios bíblicos serão apresentados como únicos e irrefutáveis, fechando todas as brechas para o engano futuro.**

COMO FALAR DE SEXO COM SEU FILHO

"Qual a idade certa para conversar sobre sexo com meu filho?" é um questionamento comumente levantado em momentos de acompanhamento familiar e ministrações. Sempre que ouvimos essa pergunta, respondemos que mais importante que a idade é a forma como se fala, a escolha das palavras e a intenção. É preciso compreender o período de desenvolvimento que ele está vivendo, atentar-se aos detalhes (os comentários que faz, brincadeiras etc.) e, então, introduzir o assunto de maneira indireta e despretensiosa, até que se possa abordá-lo com mais profundidade.

Um bom primeiro passo é ler sobre a criação do homem e da mulher na Bíblia (cf. Gênesis 1). Nela, observamos o plano perfeito do Senhor, formando seres humanos de sexos diferentes e feitos à Sua imagem e semelhança. Esse contexto está diretamente ligado ao nascimento da família, que acontece com a união física do casal. Fazendo isso, não é necessário tocar, de imediato, em questões mais complicadas, como o pecado da homossexualidade ou a ideologia de gênero, porque já estabelecemos o padrão divino em suas mentes, prevenindo que qualquer coisa diferente disso os confunda.

A partir dos dois anos de idade, quando a criança começar o desfralde, fale sobre as "partes íntimas", explicando que são áreas que ninguém pode tocar. Sempre que for ajudar no banho ou na limpeza, reforce essa verdade e observe as curiosidades de seu filho. Algumas crianças começam a fase de perguntas mais cedo, outras, mais tarde; mas os questionamentos sempre chegarão. Responda conforme ele for perguntando.

Quando falamos sobre sexualidade, precisamos nos lembrar de que vivemos em um mundo onde a tecnologia faz parte do cotidiano. E se o seu filho tem acesso à *internet* sem supervisão, ele corre grande risco de encontrar pornografia muito cedo.

É necessário entendermos, como pais, sobre a importância da diminuição ou exclusão da tecnologia na vida de nossos pequenos. Já falamos sobre isso no capítulo anterior. Quanto menor for a presença da *internet* no dia a dia de seu filho, menor a chance de ele ter acesso a conteúdos impróprios. No entanto, isso não descartará a possibilidade de que ele conheça por meio de amigos. Por isso, é essencial que a comunicação entre vocês seja clara.

Lembra-se do Princípio da Primeira Menção? Entre sete e oito anos, as crianças terão aulas na escola sobre o ciclo da vida. É nessa fase em que surgem algumas perguntas: "Como fui parar na barriga da mamãe?", "Como os bebês nascem?", "O que é reprodução?". Essas dúvidas chegaram à nossa casa. Quando o Matheus nos questionou, a resposta do Lucas foi: "Que boa pergunta! Vamos passear e, então, vou responder direitinho!".

Assim, os dois saíram, e naquele dia tudo foi ensinado. Nosso filho tinha entre seis e sete anos na época, por isso o Lucas teve muito cuidado durante a conversa.

Ele falou com descontração, mas sem ser debochado. Explicou que Deus criou o sexo e que esse ato foi feito para a aliança do casamento, no qual homem e mulher se tornam uma só carne.

Em momentos como esse, é de suma importância ter versículos à mão para comprovar cada uma de nossas afirmações, mostrando que é na Palavra que encontramos a revelação correta sobre sexualidade. Também devemos ensinar acerca da fisiologia, explicando cientificamente como acontece a reprodução humana, os órgãos genitais femininos e masculinos e de onde realmente vêm os bebês. Fale sobre cada detalhe, de modo a não permitir que esse assunto se transforme em um tabu ou fique envolto em uma redoma que esconde medo, vergonha e sujeira.

Durante a conversa com o Matheus, foi exposto o assunto da homossexualidade. O Lucas o alertou de que ele veria relacionamentos entre dois homens e entre duas mulheres. Mas mostrou o que a Bíblia diz a respeito disso e explicou que não é possível ter filhos fora do padrão estabelecido pelo Senhor. Ressaltou que as pessoas fazem escolhas e que não cabe a nós convencê-las a mudar suas decisões, pois esse é o papel do Espírito Santo.

Em nossa casa, esse diálogo foi um tempo familiar muito importante. Nosso filho se sentiu livre e começou a levantar questões que, com muita calma e paciência, foram respondidas. Mas isso só é possível quando mostramos às nossas crianças que elas sempre podem nos procurar antes de buscar explicações em outros lugares. Conforme forem crescendo, sobretudo na adolescência, também precisaremos falar sobre outros tópicos com mais ênfase, como a polução noturna, a masturbação e a pornografia.

A polução noturna é a saída involuntária de esperma durante o sono, para os homens, e lubrificação vaginal, para as mulheres; é possível que seja acompanhada de sonhos eróticos, mas essa não é uma regra. Esse fenômeno é mais comum durante o período dos 12 aos 20 anos e consiste em um meio natural de eliminação do excesso de sêmen e outras secreções sexuais pelo organismo.[2]

Esse tema gera muitas dúvidas por ser algo fisiológico e incontrolável. Por isso, assim como a menstruação para as meninas, precisa ser explicado e esclarecido, porque certamente acontecerá com seu filho em algum momento. A polução costuma causar muita vergonha nos meninos durante o processo de pureza, mas é preciso esclarecer que quem se masturba com frequência ou tem uma vida sexual ativa apresenta esse tipo de ejaculação em menor número de vezes. Ou seja, o fato de acontecer

> Nossos filhos devem entender a importância de sermos santos, porque o nosso Deus é santo.

---

[2] **Polução noturna:** o que é? Quais as suas causas e características? Publicado por *AbcMed* em outubro de 2015. Disponível em https://www.abc.med.br/p/saude-do-homem/809134/polucao-noturna-o-que-e-quais-as-suas-causas-e-caracteristicas.htm. Acesso em agosto de 2021.

é justamente um sinal da busca pela santidade, porque o corpo está eliminando, naturalmente, o sêmen não expelido durante a prática sexual.

Nossos filhos devem entender a importância de sermos santos, porque o nosso Deus é santo (cf. 1 Pedro 1.15-16). A decisão por esse estilo de vida precisa ser explícita e recorrente; um ato racional, e não uma procura por intervenção sobrenatural e convencimento divino. Por essa razão, existe a necessidade de lutar contra a masturbação e todo tipo de impureza ou deturpação sexual, o que inclui a pornografia, que sempre está associada a esses casos.

Como já reforçamos, o sexo foi feito para a aliança do casamento. Todos os seus bons sentimentos foram reservados para que esposa e esposo vivam juntos, de modo que possam satisfazer um ao outro, e não em um ato egoísta de prazer individual. Nesse sentido, a masturbação é uma mácula contra o leito matrimonial, que deve ser mantido puro (cf. Hebreus 13.4).

Da mesma forma, o sexo não foi feito para ser exposto nem assistido por ninguém. É um momento de completa intimidade, e nenhuma pessoa de fora pode vê-lo. Nossos filhos precisam saber que se alguém, algum dia, quiser mostrar-lhes algo relacionado a isso, devem ter segurança em nós para contar o ocorrido e confiar nos nossos conselhos. Seja firme em se posicionar sobre como a pornografia é destrutiva e os alerte de que, uma vez que os olhos a veem, nunca mais esquecerão. Ela gera vícios hormonais, de modo que o nosso corpo passa a buscá-la incessantemente, e não fomos criados para isso. Todas as coisas que são feitas na hora errada transformam-se em um enorme problema, e com o sexo não é diferente.

COMO FALAR DE SEXO COM SUA FILHA

O peso e a dúvida sobre o método correto para ensinar e conversar sobre sexo e sexualidade com uma filha parece ser ainda mais denso, delicado e perigoso. Mas existe a forma certa, saudável e amorosa para abordar o tema com sua menina. Gostaríamos de abrir um parêntese para falar especificamente com as mães, que, em grande parte dos casos, acabam tendo essa árdua tarefa. Antes de pensarmos em uma abordagem mais assertiva, precisamos refletir em como as mães compreendem o sexo. Será que você já recebeu a revelação e o entendimento da santidade no casamento? Ou enxerga a relação sexual como algo nebuloso, sujo e promíscuo?

Às vezes, deixamo-nos levar pelas mentiras do mundo e acabamos caindo na crença pervertida de que se trata de um ato banal. Ou podemos carregar lembranças de um passado sem Jesus, em que cedemos a enganações e conhecemos a sexualidade de uma forma que foge de Sua vontade. Se esse for o caso, antes de iniciarmos o ensino de nossas filhas, devemos buscar em Deus o entendimento da santidade que Ele estabeleceu no que diz respeito ao sexo. Quando recebemos verdadeiramente essa revelação, tudo se torna muito mais simples, porque tratamos o assunto com conhecimento vivo e autoridade.

Para começar, recomendamos que, se possível, a mãe fale à filha. Então, certifique-se de que ela se sente amada por você, pois somente por meio disso é que a conversa fluirá de um jeito puro e bem-sucedido. Ambas precisam de conexão, para que realmente exista liberdade e segurança no momento de se abrir.

Fique atenta a ela, verificando se teve alguma exposição à pornografia ou se já aprendeu algo sobre o assunto. Com uma menina que não passou por isso, o diálogo pode acontecer quando for um pouco mais velha; em média, entre sete e nove anos de idade. É possível introduzir o assunto falando sobre menstruação, por exemplo, e, depois, entrando em outros tópicos. Já no caso das que foram expostas precocemente, aja com urgência, abordando o tema assim que derem indícios de que ouviram ou viram algo relacionado a isso.

Em primeiro lugar, a menina precisa saber o que é o ciclo menstrual, que ela passará por ele e isso significa o seu crescimento e desenvolvimento físico, estando prestes a se tornar a mulher que Deus a criou para ser.

> **Falar sobre o útero é ressaltar como Deus formou as mulheres perfeitamente, trazendo a convicção de que fomos criadas por Ele para exercer uma função específica no processo de multiplicação.**

É necessário explicar sobre os pelos que nascerão em suas axilas, virilha e em outros lugares do corpo. Que seus seios se desenvolverão e que as transformações da puberdade são naturais. Assim, nada parecerá estranho quando, de fato, acontecer.

Apresente a ela um absorvente e explique seu uso. Ensine que a menstruação mostra que o organismo está funcionando normalmente e que acontecerá todos os meses. Nessa fase, fale sobre a cólica, os cinco dias do ciclo e o útero. Conte que você também passa por isso, assim como todas as outras mulheres que ela conhece. Com essa conversa introdutória, quando a primeira menstruação acontecer, ela terá entendimento de que está saindo da infância e entrando na adolescência. É possível que, no meio desse assunto, surja alguma curiosidade relacionada à gravidez e outras dúvidas nesse sentido. A partir daí, você pode direcionar o diálogo sobre a sexualidade, sem forçar ou apressar nada.

Com nossa filha, Bianca, a Jackie desenhou uma menininha e explicou, por meio da figura, as mudanças pelas quais o corpo dela passaria. Ela também ilustrou e conversou sobre o sistema reprodutor feminino. Aliás, falar sobre o útero é ressaltar como Deus formou as mulheres perfeitamente, trazendo a convicção de que fomos criadas por Ele para exercer uma função específica no processo de multiplicação. Nele, nutrimos e geramos uma criança; nossos seios se desenvolvem para alimentá-la; todo nosso corpo foi desenhado para guardá-la e protegê-la por nove meses, até que esteja pronta para nascer. Esse privilégio é especial demais para não amarmos essa característica única ou para mudarmos nossos corpos escolhendo ser aquilo que não somos.

Ao chegar a esse ponto da conversa, há uma ótima chance para alinhar novamente as verdades de Deus sobre a Criação. Cada palavra deve ser pensada para que essa visão adentre a mente da criança, com o entendimento do corpo como um templo (cf. 1 Coríntios 6.19), que não foi feito para ser exposto, mas guardado. Seja segura nas explicações, principalmente nos momentos mais explícitos, como ao dizer que o bebê entra na barriga da mulher quando acontece uma penetração do pênis do homem na vagina dela. Não tenha medo de desenhar ou de repetir várias vezes, pois a autoridade gera segurança e amor, espantando qualquer dúvida.

Ensinar sobre a beleza da criação também nos permite comunicar as impossibilidades que existem em um relacionamento homossexual, além de explicitar o motivo de ser um pecado e de estar fora dos planos de Deus. O corpo masculino foi feito para se ligar ao feminino e, a partir daí, gerar uma família. Pode-se mudar tudo por fora; uma mulher consegue dizer que agora é um homem, fazer cirurgias e tentar alterar sua identidade; mas, por dentro, continuará sendo o que Deus a chamou para ser.

E não se esqueça de falar sobre a virgindade, explicando a importância de se guardar completamente em pureza sexual até o casamento.

Além desses assuntos, explique sobre a pornografia à sua filha, porque ela, assim como um menino, também deve fugir disso. Muitos se enganam ao pensar que essa imoralidade é um risco apenas para os garotos, mas as meninas também são muito afetadas por esse mal.

Ao finalizar a conversa e todas as explicações, certifique-se de deixar bem claro que esse tema não foi apresentado para gerar curiosidade ou ansiedade, mas para que ela conheça a verdade e para que entenda a beleza do casamento. Sexo não é para crianças e não deve ficar na mente dela nessa fase. Instrua-a a guardar os olhinhos, confiar em vocês e não se permitir ver coisas que não são para ela [e para ninguém]; a fugir de conversas desnecessárias com amigas e sempre procurar a mamãe ou o papai quando tiver uma dúvida.

Fale tudo quanto for necessário, mas não prolongue muito o assunto. Aproveite para tratar da finalidade do namoro, que criança não namora porque essa é a preparação para o casamento. Por isso, nada de brincadeiras desse tipo!

Provavelmente, sua filha, assim como a nossa, terá absorvido apenas uma parte de tantas informações, e não há problemas nisso. O importante é que o canal de conversa sempre esteja aberto e que sejamos claras em comunicar a verdade, repetindo e explicando novamente sempre que necessário.

PREVENÇÃO CONTRA O ABUSO SEXUAL INFANTIL

Antes de iniciar a prevenção contra o abuso sexual infantil com seus filhos, é necessário que você saiba o que é isso. Segundo a ChildHood Brasil, trata-se de qualquer forma de relação ou jogo sexual entre um adulto e uma criança ou um adolescente. Pode acontecer por meio de ameaça física ou verbal, manipulação, sedução, exibicionismo ou pornografia.[3]

Sendo assim, precisamos derrubar o pensamento de que abuso sexual é apenas o toque e nos atentar ao fato de que a exposição à nudez ou qualquer outra forma vexatória de sexualização do corpo também é configurada dessa maneira. Muitos pedófilos se satisfazem exibindo-se à criança ou vendo-a nua. É por esse motivo que vídeos pornográficos com menores são tão concorridos e procurados de maneira alarmante na *internet*.

É nosso dever ensinar nossos pequenos sobre as maneiras de se prevenir contra isso, não somente quando forem maiores e começarem a frequentar outras casas, mas conscientizando-os com intencionalidade desde os primeiros anos de vida. Quando for dar banho neles, por exemplo, comece dizendo que existem partes

---

[3] **Tipos de abuso sexual de crianças e adolescentes**. Publicado por *ChildHood Brasil* em setembro de 2019. Disponível em https://www.childhood.org.br/tipos-de-abuso-sexual-de-criancas-e-adolescentes. Acesso em agosto de 2021.

do corpo que precisam estar sempre guardadas e que ninguém pode ver, tocar ou brincar. Diga que, daqui a algum tempo, nem mesmo a mamãe ou o papai deverão vê-los assim e que, por isso, precisarão aprender a se cuidar sozinhos, sem a ajuda de ninguém. Seja rápido em incentivar a independência de seus filhos, gerando barreiras de proteção.

Conhecemos uma pediatra que nos contou, certa vez, sobre quando atendeu a uma criança de três anos, e assim que pediu para que tirasse a roupinha para ser examinada, ela parou e disse: "Não, tia, aqui não pode!". Essa médica se alegrou e parabenizou a mãe por estar ensinando tudo da melhor forma à sua filha. A intencionalidade no cuidado gera frutos que protegem e guardam nossos pequenos. E isso não inclui apenas seus órgãos sexuais, mas também outras partes do corpo, como a boca. Muitos abusos começam pelo toque nos lábios e até mesmo com beijos mais prolongados em parentes próximos.

Também não podemos, de forma alguma, ter relações sexuais com nosso cônjuge se algum filho estiver no quarto, mesmo que esteja dormindo. É alarmante como muitos pais não percebem que essa prática também configura um tipo de abuso sexual e é considerada crime no Brasil. Segundo o Código Penal, no artigo 218-A, a satisfação de lascívia mediante presença de criança ou adolescente consiste em "praticar, na presença de alguém menor de 14 (catorze) anos, ou induzi-lo a presenciar, conjunção carnal ou outro ato libidinoso, a fim de satisfazer lascívia própria ou de outrem".[4] Expor uma criança a qualquer situação de sexo, seja na televisão, revistas ou dentro de casa, deixa marcas em sua mente, memória e coração, causando traumas e confusões enormes.

Uma vez, no ministério infantil, uma das crianças veio nos pedir oração. Ela achava que seu pai estava batendo em sua mãe, porque a ouvia gritar durante a noite. Conversando melhor, entendemos o que realmente acontecia e que, graças a Deus, esse não era um episódio de agressão, mas uma confusão gerada pelos pais, que tinham relações sexuais próximos aos seus filhos. Essa é uma situação grave que acontece em muitas casas e prejudica os relacionamentos familiares. Sem mencionar a curiosidade que se desperta na criança quando ela assiste ou escuta uma cena de sexo e, assim, começa a desenvolver hábitos de masturbação e pensamentos impróprios.

Outro ponto importante a compreender é que existem coisas que não são necessariamente

> **Expor uma criança a qualquer situação de sexo, seja na televisão, revistas ou dentro de casa, deixa marcas em sua mente, memória e coração, causando traumas e confusões enormes.**

---

[4] **Código Penal**: dos crimes contra a dignidade sexual, 218-A. Disponível em *http://www.planalto.gov.br/ccivil_03/_ato2007-2010/2009/lei/l12015.htm*. Acesso em agosto de 2021.

erradas, mas, como pais, precisamos questionar a sabedoria que as envolve. Guardar e proteger nossos filhos contra o abuso sexual infantil precisa ser muito mais profundo do que somente falar sobre toques, limites e contestar se algo é certo ou não. Tomar banho na frente das crianças quando não são mais bebês, por exemplo, não é sábio. Elas precisam saber que a hora do banho é reservada e individual e que não devemos ver a nudez de ninguém. Em algumas famílias, é comum beijar a boca dos filhos. Devemos nos lembrar de que, além de se tratar de um lugar sensível, que facilmente se contamina, transmite e recebe bactérias, esse ato pode gerar confusão na mente dos pequenos: "Se beijo papai e mamãe dessa maneira, por que não poderia fazer o mesmo com outro adulto ou criança?". Embora muitas pessoas considerem isso como uma forma de demonstrar amor e carinho familiar, essa não é uma atitude sábia.

Podemos fazer isso de inúmeras outras formas, sem tocar partes dos nossos filhos que precisam ser protegidas e guardadas. Abrace, beije na bochecha, faça carinho no cabelo, mas não ultrapasse os limites do afeto paternal. A sociedade em que vivemos está infinitamente mais sexualizada e tomada pela pornografia do que anos atrás. Talvez o que antes pudesse parecer inofensivo, agora não seja mais.

Isso vale, até mesmo, para as roupas de nossos filhos. É interessante começarmos a pensar no modo como os vestimos e como podemos evitar que sejam vítimas fáceis em uma situação de perigo e abuso. Em especial, se você tem uma menina, nunca deixe de colocar um *short* por baixo do vestido dela, impedindo que alguém veja sua calcinha. Crianças pulam, correm, se jogam no chão e não se importam com quem as está observando, mas nós, pais, precisamos estar alertas e constantemente alinharmos nossas atitudes para a sua proteção. Nunca sabemos quem está por perto olhando com más intenções.

Infelizmente, pedófilo não tem cara de pedófilo! Não conseguiremos olhar para alguém e apontar se é um risco para nossos filhos ou não. Portanto, não os obrigue a fazer nada. Não brigue caso não queiram abraçar, beijar ou ir ao colo de alguém (mesmo que seja uma pessoa próxima, até um familiar). Imponha os limites. Quando estreitamos as barreiras, e nossos filhos percebem que não deixamos que qualquer um tenha acesso livre a eles, é muito mais fácil que nos contem caso algum incidente aconteça. Nossas crianças precisam saber que sempre podem conversar abertamente conosco, de maneira clara e verdadeira. Deixe evidente que você se importa e quer saber de quem eles gostam e de quem não gostam; o que os deixa incomodados; o que os faz sentir medo; e se algum adulto já tentou uma aproximação duvidosa.

O QUE FAZER AO PERCEBER QUE A CRIANÇA FOI ABUSADA

Não são raros os casos em que uma criança abusada se confunde diante de uma dessas situações e carrega, por anos, o sentimento de culpa, por não ter sido instruída por seus pais ou familiares. Meninas e meninos que foram violados e gostaram do que sentiram passam muito tempo se responsabilizando depois de crescerem e compreenderem o que aconteceu, pois acreditam que deveriam ter impedido. Assim, a criança não se entende como vítima, mas assume um papel de autocondenação, que é completamente cruel e doloroso.

Todas as noites, antes de dormir, perguntamos aos nossos filhos: "Tem alguma coisa que vocês querem nos contar?", e eles respondem. Fazendo essa checagem diariamente, podemos saber se aconteceu algo fora do normal apenas pelo modo como se comportam, porque é muito difícil para eles agir diferente do costume. É possível que haja hesitação ou insegurança; talvez até choro ou uma expressão clara de que algo não está bem. Diante disso, você poderá intervir.

Quando aprendemos a observar e a reconhecer essas coisas, podemos, até mesmo, perceber se uma criança próxima aos nossos filhos sofreu algum tipo de abuso. Afinal, muitas vezes, os pequenos reproduzem

> **Deixe evidente que você se importa e quer saber de quem eles gostam e de quem não gostam; o que os deixa incomodados; o que os faz sentir medo; e se algum adulto já tentou uma aproximação duvidosa.**

comportamentos dos outros. Alguns imitam adolescentes, outros fazem brincadeiras impróprias que levam à sexualização precoce. Nesses casos, quase sempre, existe um motivo por trás da atitude e precisa ser averiguado.

Depois de descobrir o que de fato está acontecendo, algumas medidas de cuidado devem ser tomadas. Converse e faça perguntas com cautela e empatia, sem expressar toda a dor, tristeza e desespero que você possa estar sentindo, porque a criança não tem noção de quão errado é o acontecimento pelo qual passou, e a sua indignação e desespero podem fechar o coraçãozinho dela, impedindo que conte o que sabe de forma exata.

Busque também descobrir quando aconteceu o abuso, entendendo o momento e o local. Tente, intencionalmente, compreender a situação, perguntando onde seu pequeno foi tocado e quem o tocou. Cada vez que uma história assim precisa ser repetida pela vítima, a dor volta ao seu coração, portanto seja paciente. Não peça mil confirmações e deixe o trabalho árduo com a justiça. Dessa maneira, você pode se preocupar apenas em amar seu filho.

Outra atitude a ser tomada é ligar para o Disque 100[5] e fazer a denúncia, porque a criança precisa ser

---

[5] O Disque Direitos Humanos, ou Disque 100, é um serviço nacional de denúncias de violações de direitos humanos. Para mais informações, conheça o *site* dessa organização: *https://www.gov.br/pt-br/servicos/denunciar-violacao-de-direitos-humanos*. Acesso em setembro de 2021.

ouvida em um lugar reservado, com pessoas treinadas e profissionais da área que saberão lidar com a violência sexual. O Conselho Tutelar[6] irá procurar sua família, e um psicólogo atenderá o pequeno, acompanhando o caso. Fique tranquilo, não haverá pressão, e sim preservação, evitando causar qualquer outro dano emocional durante o processo de cura.

Não existe pastor ou professor pedófilo, mas abusadores que utilizam seus cargos de influência para praticar crimes.

O relato da vítima consta como uma prova judicial e resultará em um processo. Se, com a investigação e acompanhamento psicológico, for constatado que o abuso teve penetração ou toques mais danosos fisicamente, ela deverá passar por um exame médico feito por um pediatra. Sua identidade será resguardada, e esse procedimento servirá como prova contra o agressor.

Se o abuso tiver ocorrido em um contexto escolar, a escola precisa ser comunicada para proteção das outras crianças e conscientização dos pais. A devida disciplina deverá ser aplicada à pessoa [no caso de ser

---

[6] O Conselho Tutelar é o órgão não jurisdicional responsável por zelar pelos direitos da criança e do adolescente. Para mais informações: *https://www.portaldoconselhotutelar.com.br/*. Acesso em setembro de 2021

um funcionário do colégio]. Em uma igreja, a postura deve ser a mesma, chamando o Conselho Tutelar para acompanhar a investigação, uma vez que, nesta etapa, o caso não cabe mais à esfera civil, mas ao Ministério Público e à Polícia.

E que fique bem claro: não existe pastor ou professor pedófilo, mas abusadores que utilizam seus cargos de influência para praticar crimes. Eles usurpam a confiança da população, de modo que ninguém desconfie. Por mais "incrível" que seja um professor, ou mais "ungido" que seja um pastor, se cometer um ato como esse, precisa ser denunciado e preso. E que, dentro da cadeia, encontre a redenção do Senhor Jesus; mas, diante dos homens, é preciso prestar contas e pagar pelos delitos cometidos, porque nossos atos têm consequências. Não se engane nem tenha medo, confie em Deus e denuncie.

> **Preste atenção na forma como você escuta seu filho e como recebe cada pequena informação diária.**

Entretanto, é importante ser reservado e não deixar que mais pessoas descubram o que está acontecendo, preservando a criança e a família, para evitar mais dores e vergonha. Permita que a investigação aconteça, apresentando todas as provas que tiver, como alterações de comportamento, depoimentos da vítima, fotos, vídeos e outros materiais disponíveis. Não acuse suspeitos nem fale com o possível abusador, pois isso pode permitir que ele suma com provas, altere seu discurso ou, até mesmo, fuja.

Em todo caso, preste atenção na forma como você escuta seu filho e como recebe cada pequena informação diária. Muitos são os relatos de adolescentes e crianças que se revoltaram contra pais e professores por não acreditarem neles diante de uma denúncia de violência sexual. Às vezes, os adultos interpretam que a criança é pequena demais e não entendeu o que aconteceu ou, ainda, que é algo da cabeça dela, gerando uma dor muito maior do que o abuso em si.

O jeito como tratamos um menino ou uma menina que passou por isso também precisa ser especial, pois muitos traumas surgem de comportamentos preconceituosos ou superprotetores. Não os separe dos outros nem seja cauteloso em excesso, como se eles estivessem doentes. Ofereça cuidado, acompanhamento profissional e amor, com atenção e empatia, mas não pense que eles são inferiores agora ou precisam ser tratados como bebês. Ajude-os a viver normalmente.

> **Nada é mais eficaz e purificador do que o sangue de Jesus. Ministre o amor d'Ele e o que foi feito na Cruz.**

Por fim, todas essas atitudes são muito importantes, mas nada é mais eficaz e purificador do que o sangue de Jesus. Ministre o amor d'Ele e o que foi feito na Cruz. Muitas vezes, não entendemos porque algumas coisas acontecem e, de fato, não conseguiremos explicar caso uma pessoa pergunte, por exemplo: "Onde estava Deus naquele momento?". Mas há uma certeza: Ele ama todas as crianças e deseja cuidar e proteger cada uma delas a todo custo.

Sendo assim, seja assertivo em explicar que a identidade dela não está atrelada ao abuso que sofreu, mas àquilo que Cristo diz a seu respeito: uma pessoa amada, perdoada, justificada e escolhida. Deus tem uma história linda e um recomeço para todos nós, e não é diferente com as crianças. Não importa seu trauma, existe redenção e transformação, porque não há nada que o Seu sangue não possa lavar.

CONSIDERAÇÕES FINAIS

Ser intencional na criação de filhos gera em nós a convicção de que deixaremos um **legado** para as gerações seguintes. Nossos dias são finitos e foram contados pelo Autor da vida (cf. Salmos 139.16); o que deixaremos nesta Terra são sementes na vida de nossas crianças, que germinarão e darão frutos eternos. Em Salmos 127.4, está escrito que filhos são como flechas. Com isso, entendemos que nós, pais, somos os arqueiros responsáveis por lançá-los a distâncias muito maiores do que fomos capazes de ir.

De capa a capa, a Bíblia conta histórias de pais e filhos que marcaram gerações, trouxeram libertação a povos e mudaram nações. Abraão, que confiou na promessa de que Deus lhe daria um filho e que ele se tornaria pai de multidões, é considerado o nosso pai da fé. Ele creu no Senhor e O obedeceu, e assim deu início ao povo de Israel (cf. Gênesis 17.2-8; Romanos 4.11). Davi foi um grande rei e pai de Salomão, o mais sábio homem que já pisou na Terra (cf. 2 Samuel 12.24; 1 Reis 10.23-24). Ana clamou ao Senhor por anos pedindo um filho e, quando recebeu o menino, o entregou a Deus (cf. 1 Samuel 1). Este foi Samuel, o grande profeta que ungiu Davi como rei (1 Samuel 16.12-13). São inúmeros os relatos de famílias, legados e gerações que poderiam ser citados aqui, porque Deus ama e abençoa casais que se unem e se multiplicam, obedecendo aos Seus princípios.

Nossos dias são finitos e foram contados pelo Autor da vida (cf. Salmos 139.16); o que deixaremos nesta Terra são sementes na vida de nossas crianças, que germinarão e darão frutos eternos.

Afinal, a transformação que tanto queremos ver no mundo não virá somente de nós no tempo limitado em que viveremos na Terra. Não veremos o cumprimento de muitas promessas que cultivamos em oração, mas nossos filhos terão a oportunidade de desfrutar dessas realizações. Não só isso, mas, tendo um fundamento firme em Cristo, por meio de uma educação bíblica, eles irão muito além.

Olhar para o seu bebezinho e pensar profeticamente em tudo o que ele viverá, caminhando em obediência a Deus, é uma grande motivação para superar dias difíceis e manter a fé. O cansaço virá, assim como a vontade de dar respostas prontas às crianças, de disciplinar sem amor, ceder à teimosia e desistir no meio do caminho. Mas Jesus nos ensina a confiar n'Ele em toda e qualquer situação, fixando os olhos na alegria prometida (cf. Hebreus 12.2-3).

Ser pai e mãe é uma bênção, é desfrutar e compartilhar de grande alegria e amor. Filhos são verdadeiros presentes de Deus, e investir neles com tudo o que temos significa semear na eternidade. Muito mais importante do que buscar coisas que perecerão, como o sucesso entre os homens, prosperidade financeira e bens materiais, é ver nossas crianças tornando-se cada vez mais saudáveis, educadas, apaixonadas pelo Senhor e capacitadas para transformar o mundo. Portanto, seja intencional agora para colher frutos disso amanhã.

Oramos para que a sua família seja grandemente abençoada por cada ensinamento que compartilhamos. Nós nos dedicamos a fazer isso carregando **o sonho de ver o Brasil cheio de famílias saudáveis** e posicionadas contra a agenda maligna de Satanás. Almejamos encontrar crianças que empunham a espada, que é a Palavra de Deus, e pais prontos para proteger seus pequenos e **equipá-los com a sabedoria e o temor do Senhor**. Invista nesta caminhada intencional da criação de filhos, pois a transformação que desejamos está em nossas mãos e nos rostinhos que nos encaram cheios de amor, chamando-nos de "pai" e "mãe".

Este livro foi produzido em Adobe Garamond Pro 12 e
impresso pela Gráfica Promove sobre papel Pólen Natural
70g para a Editora Quatro Ventos em agosto de 2022.